Ce livre appartient à :

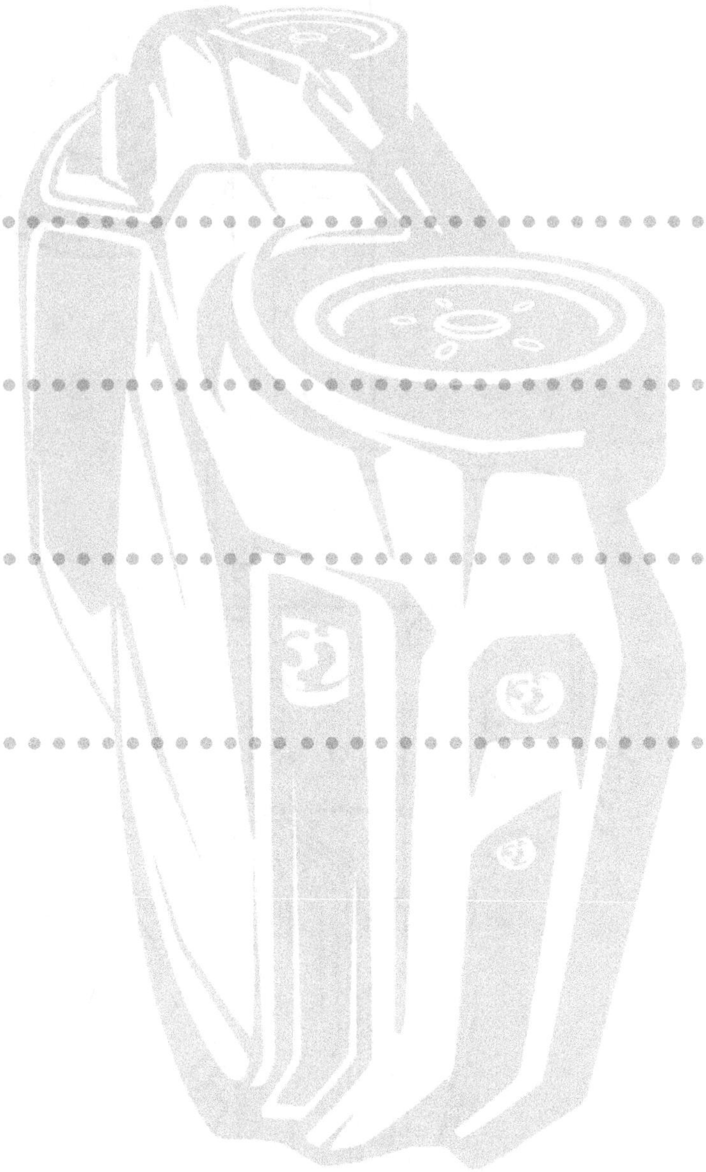

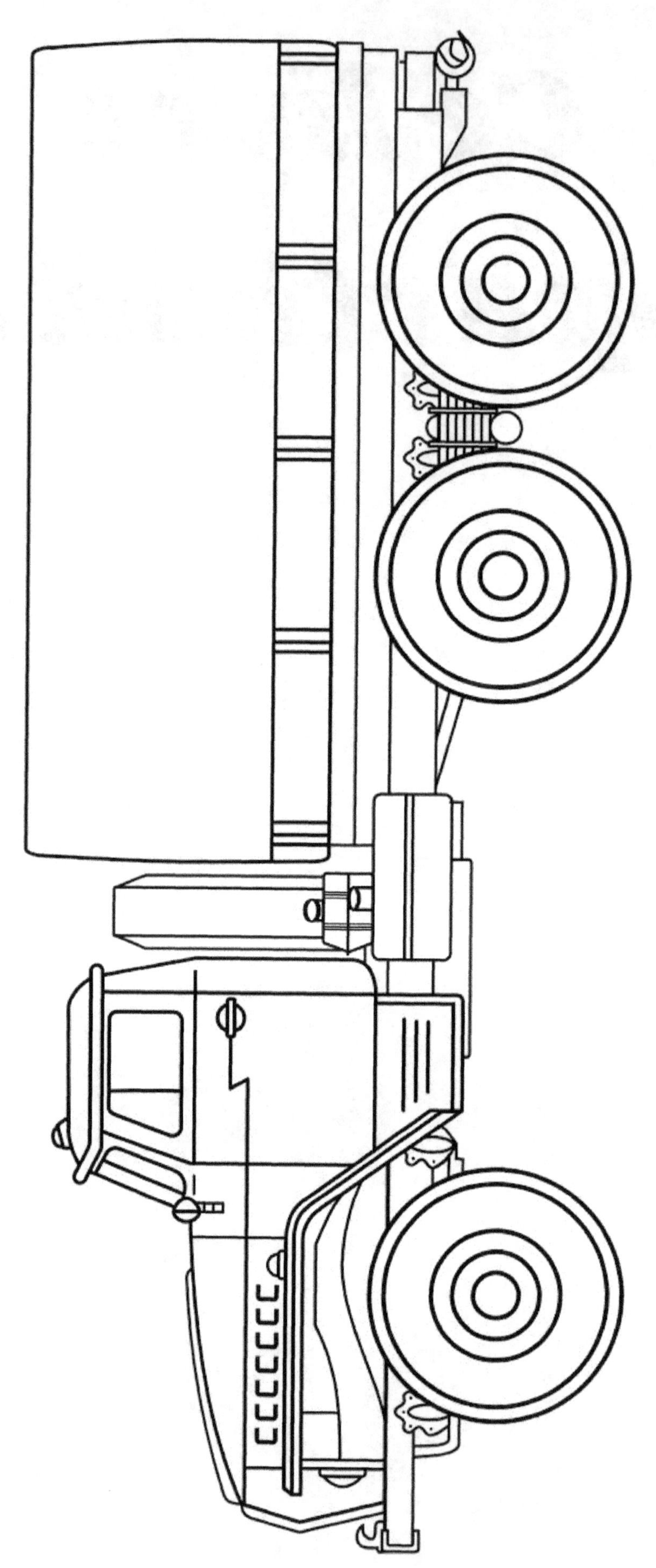

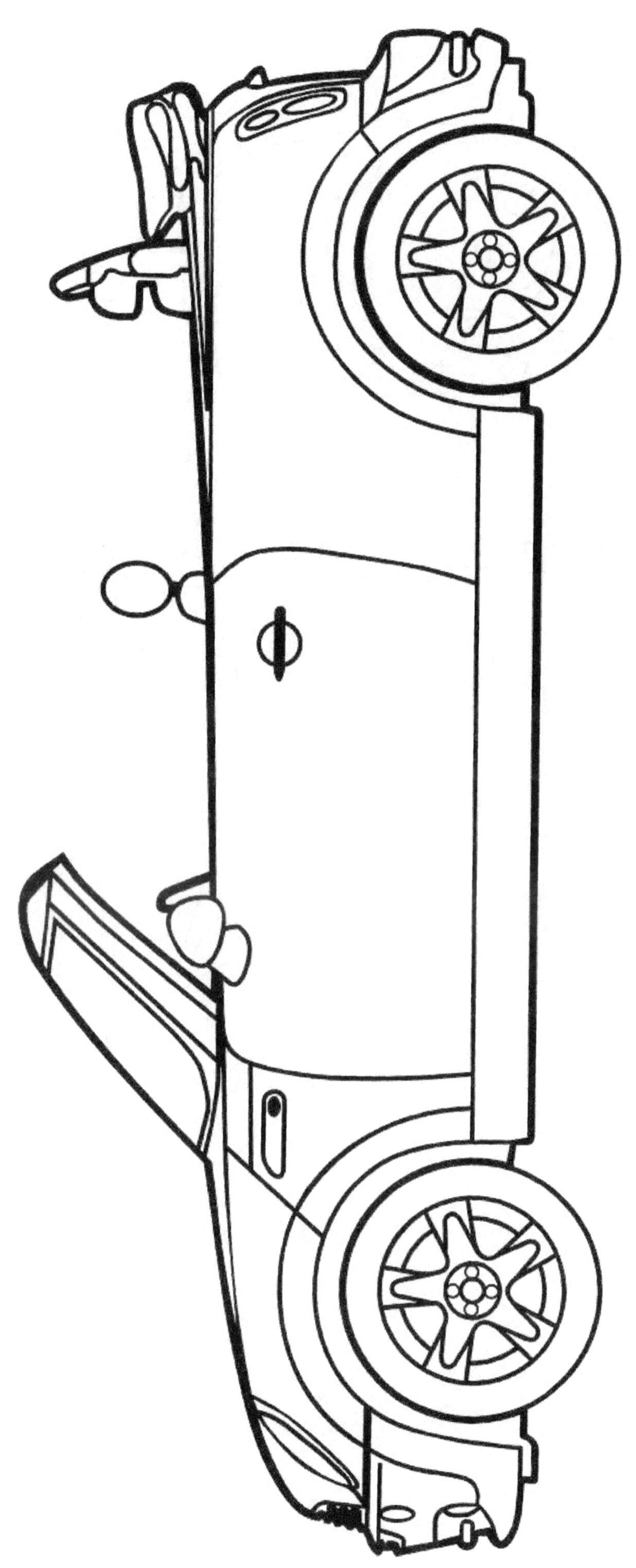

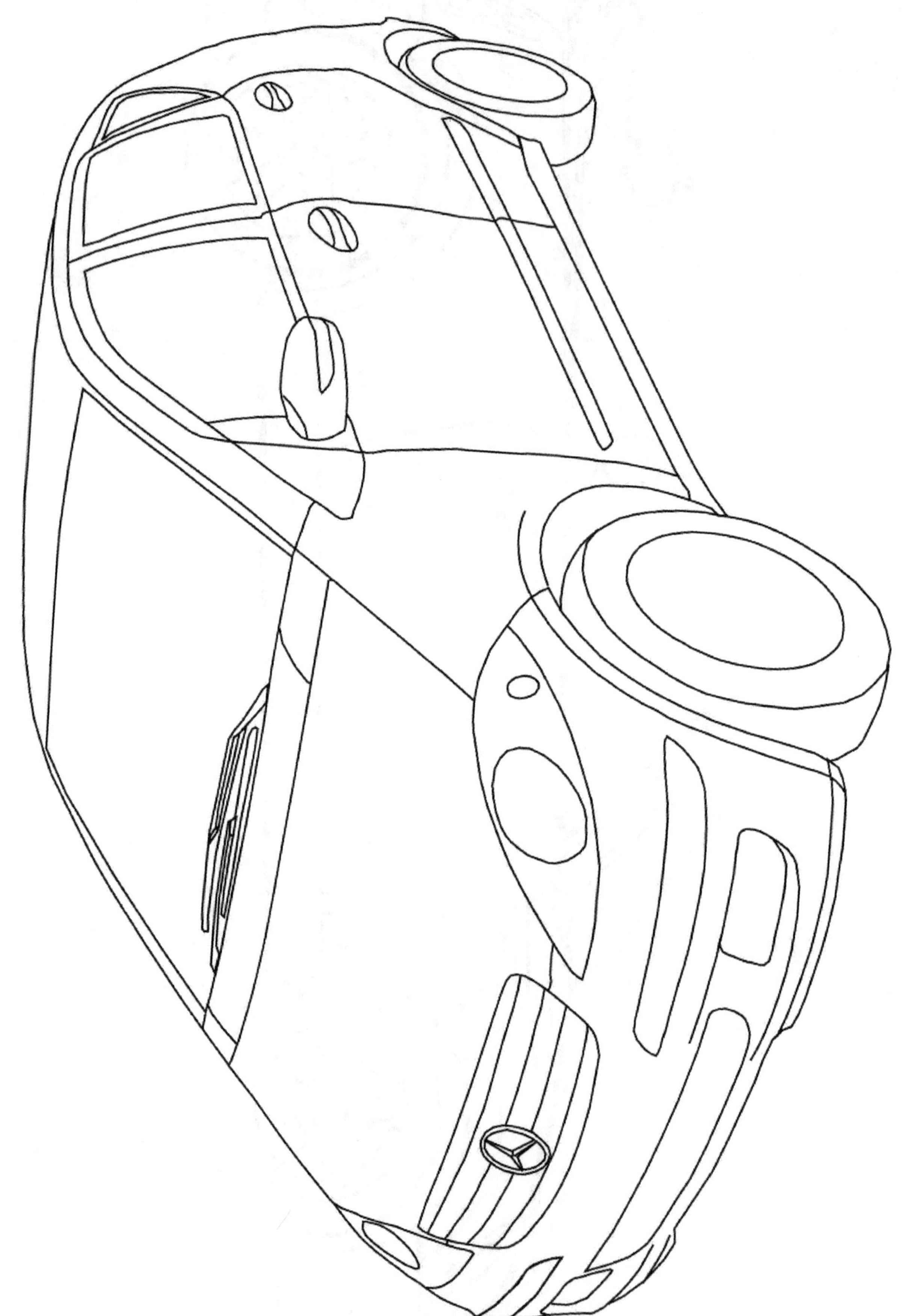

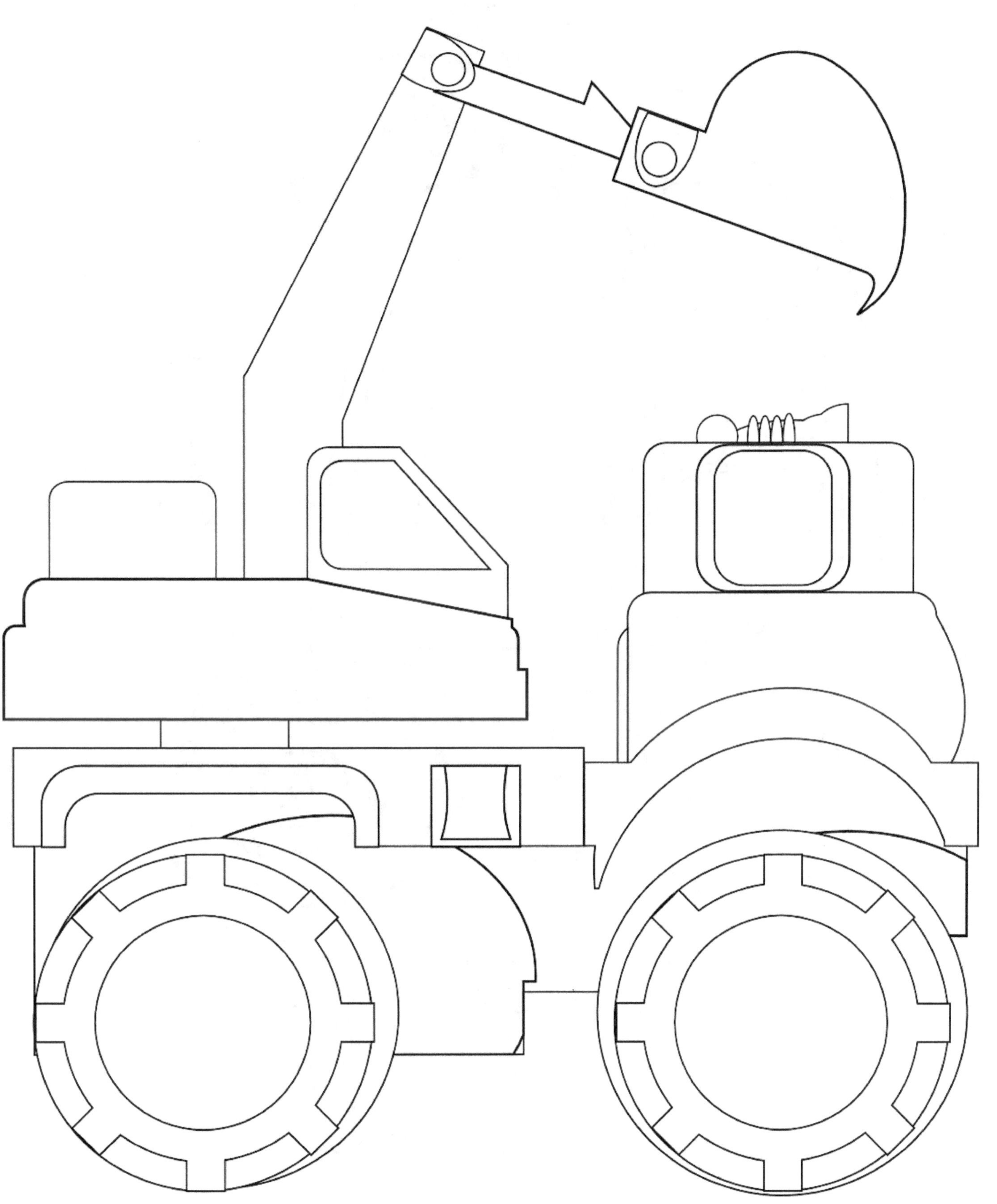

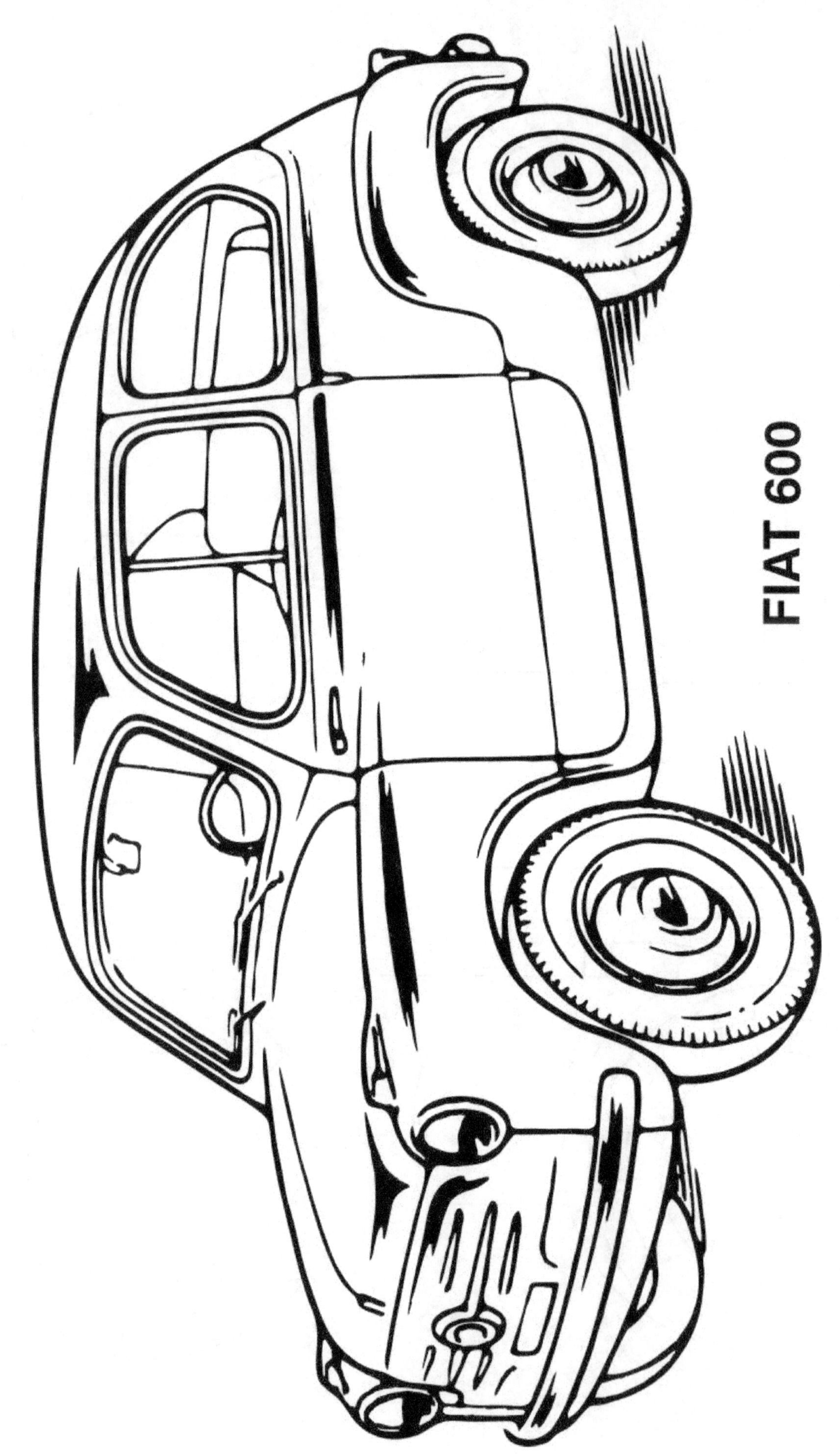

FIAT 600

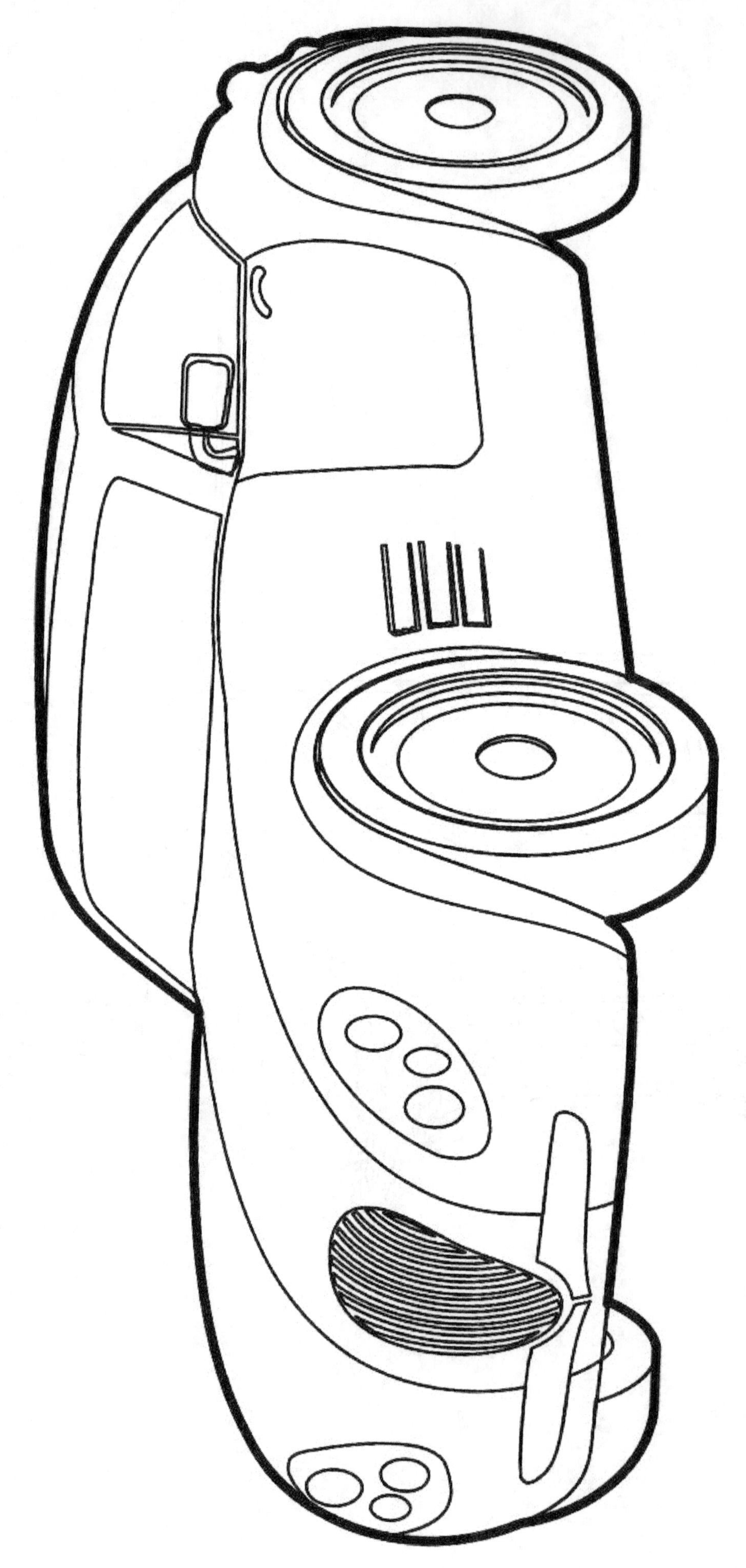

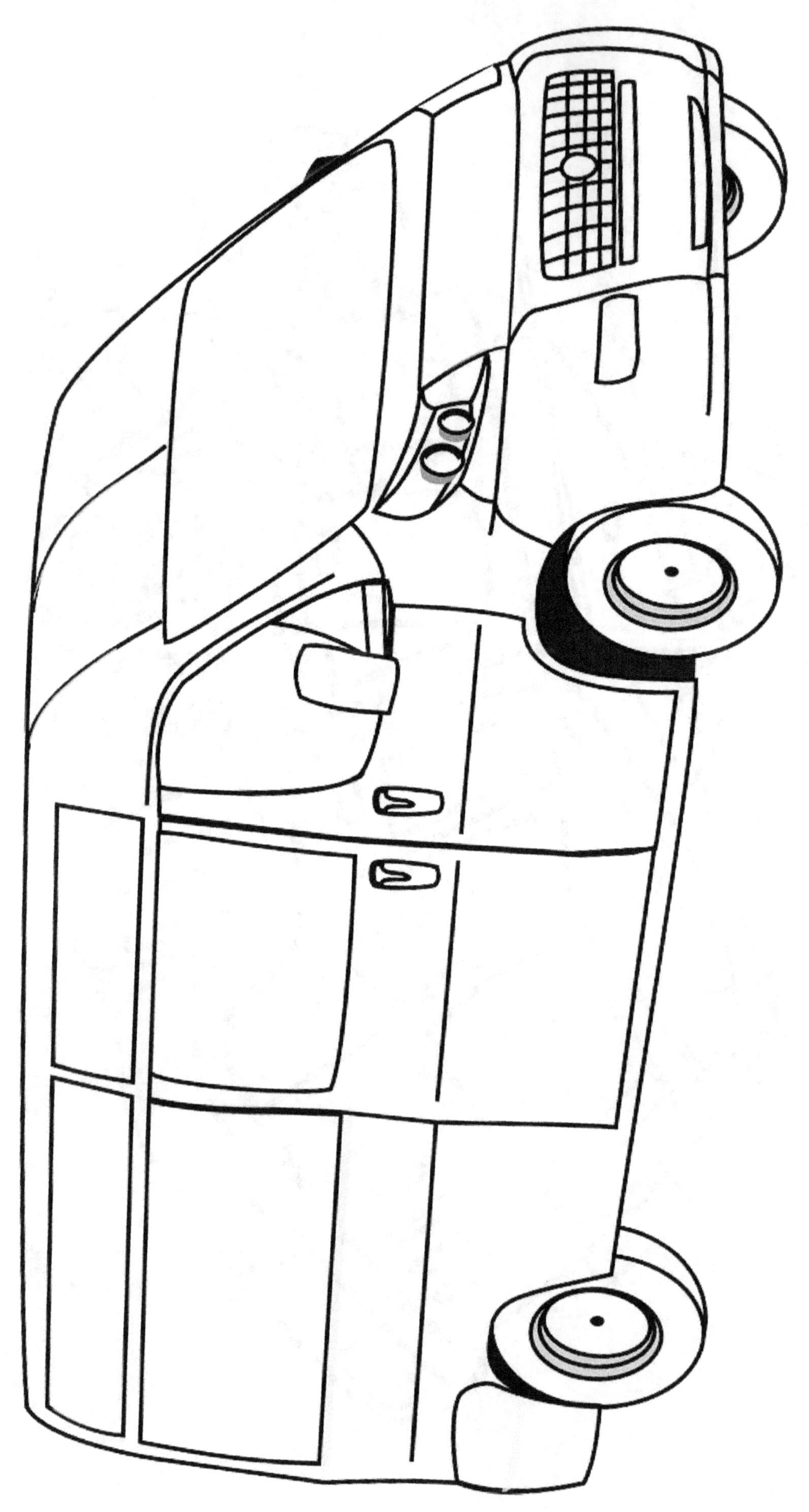

Volkswagen T2

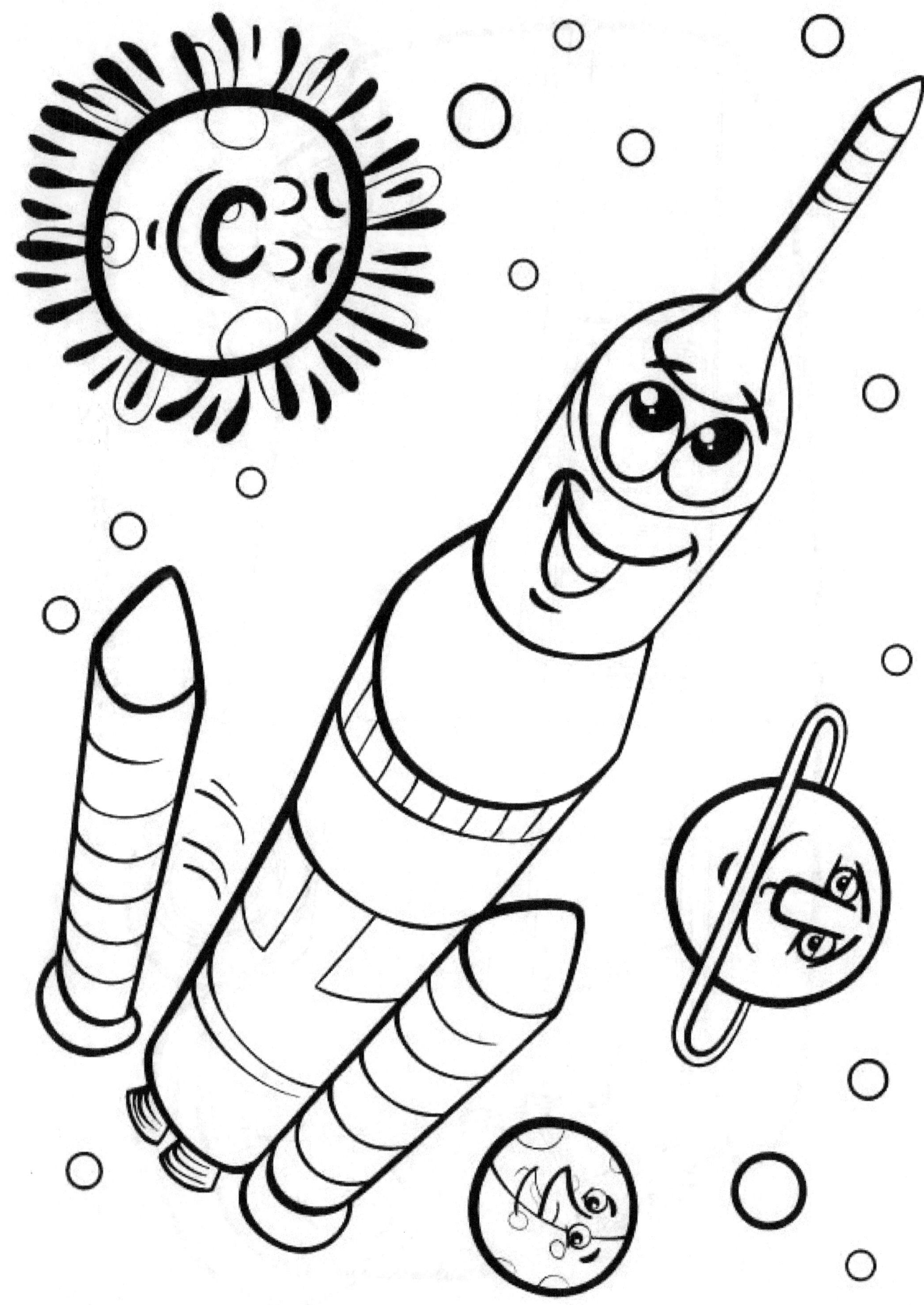

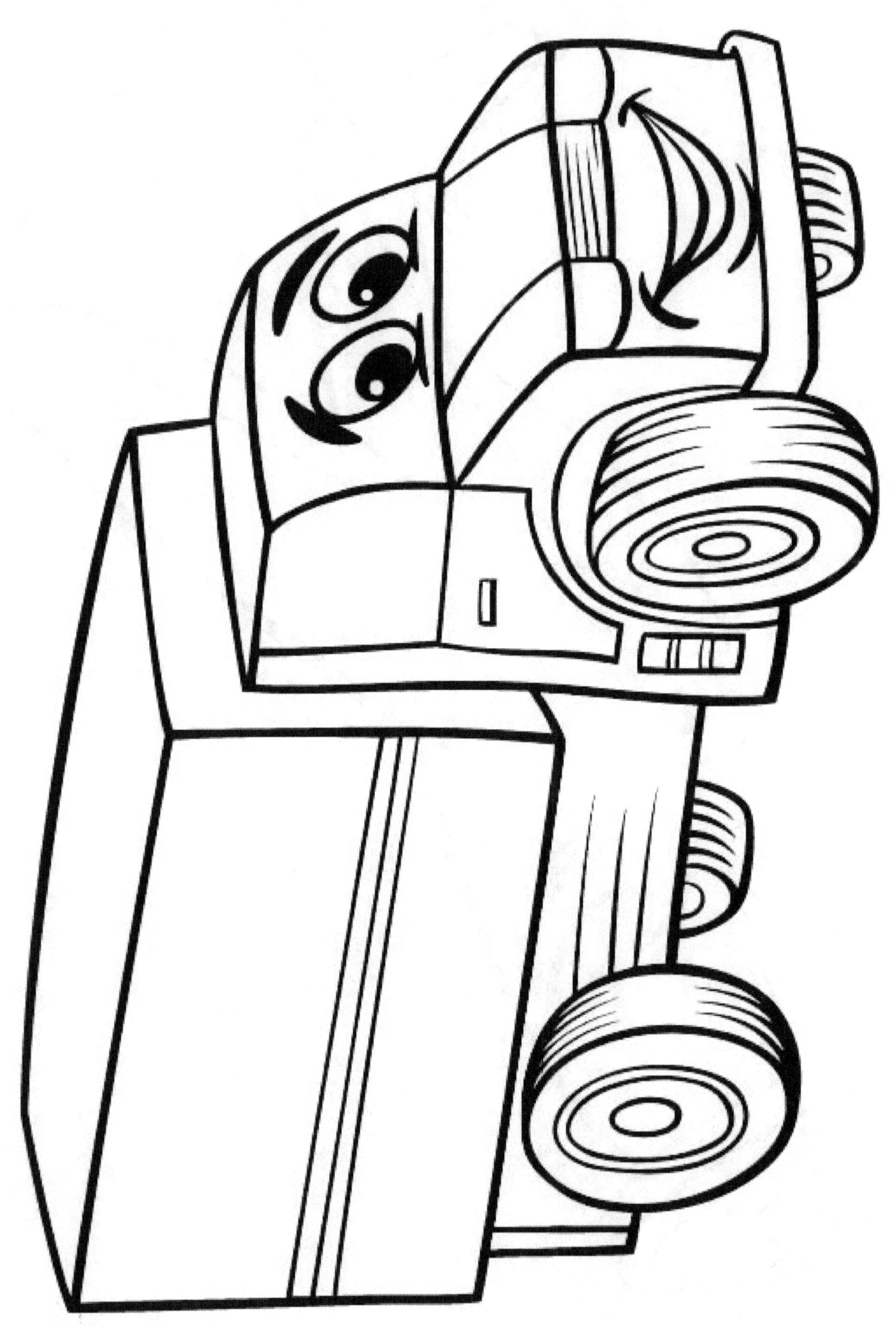

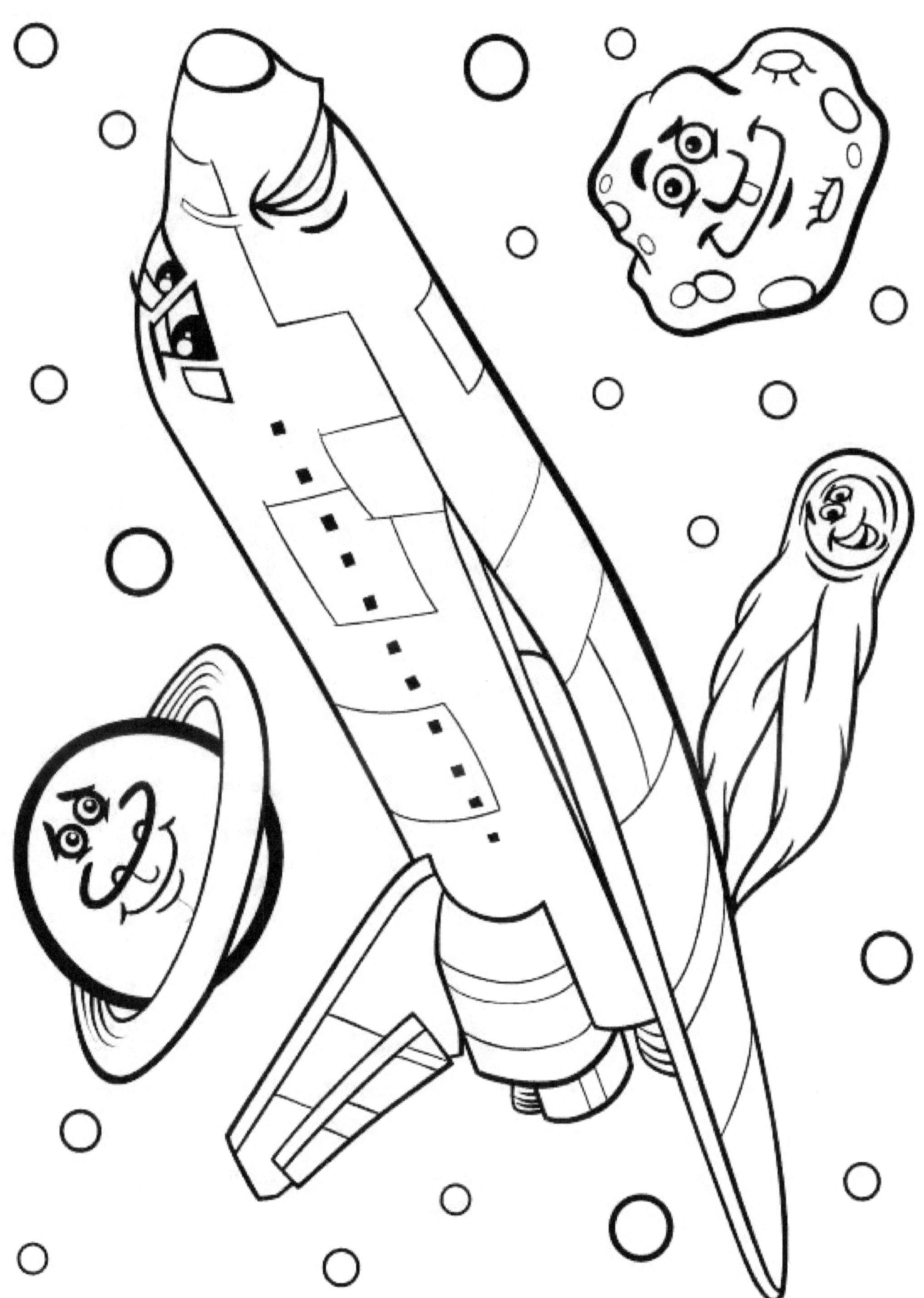

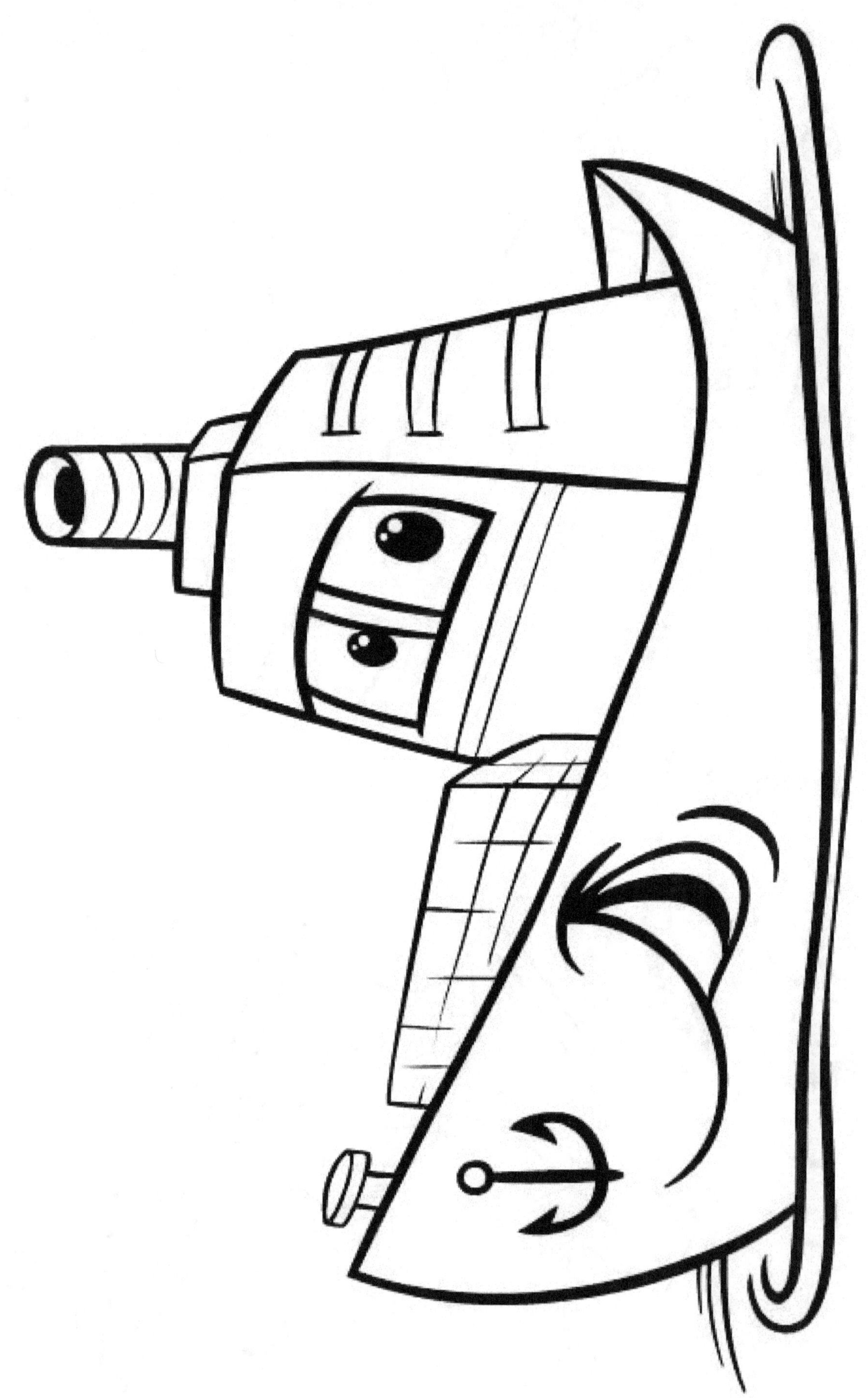

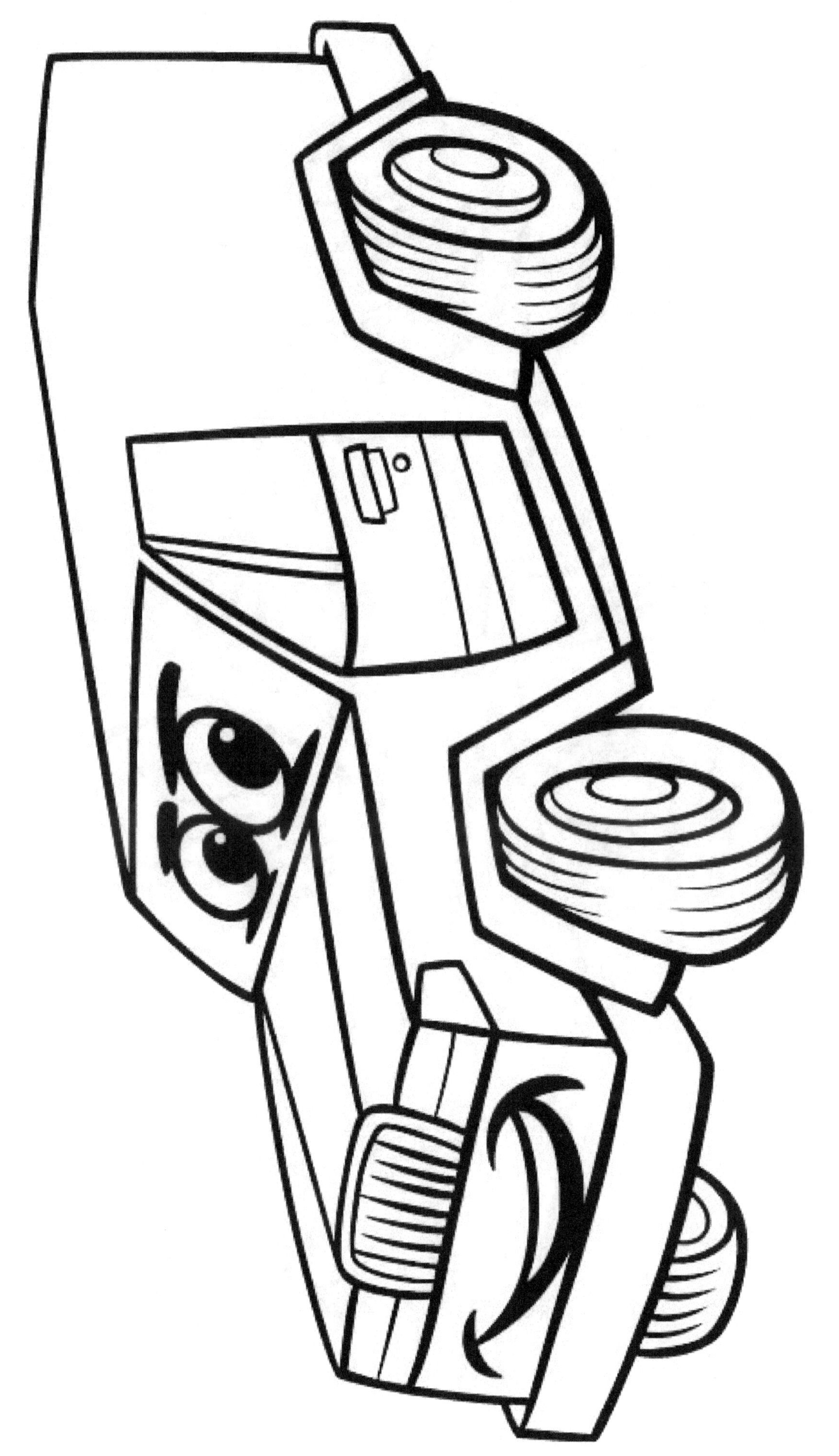

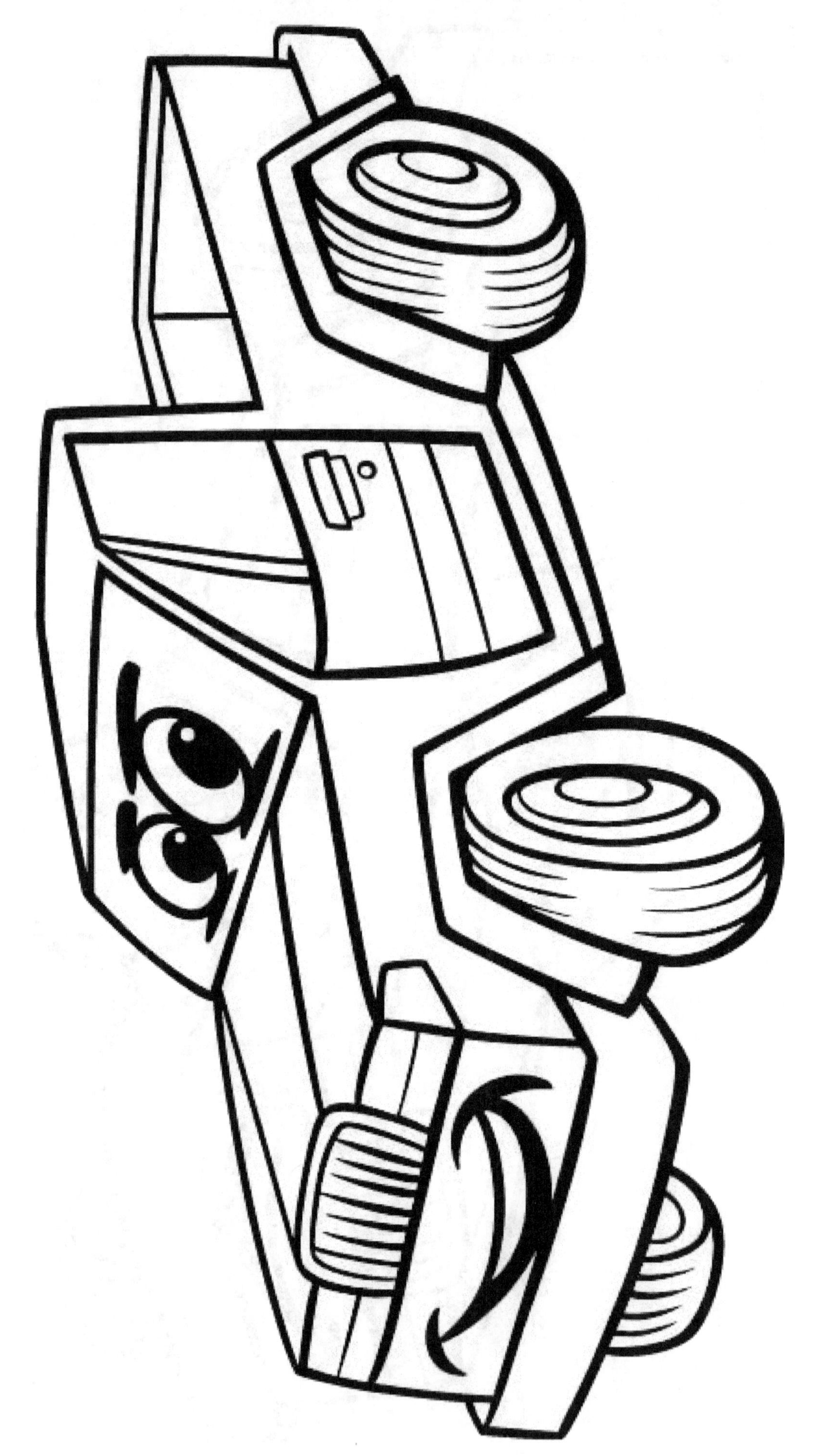

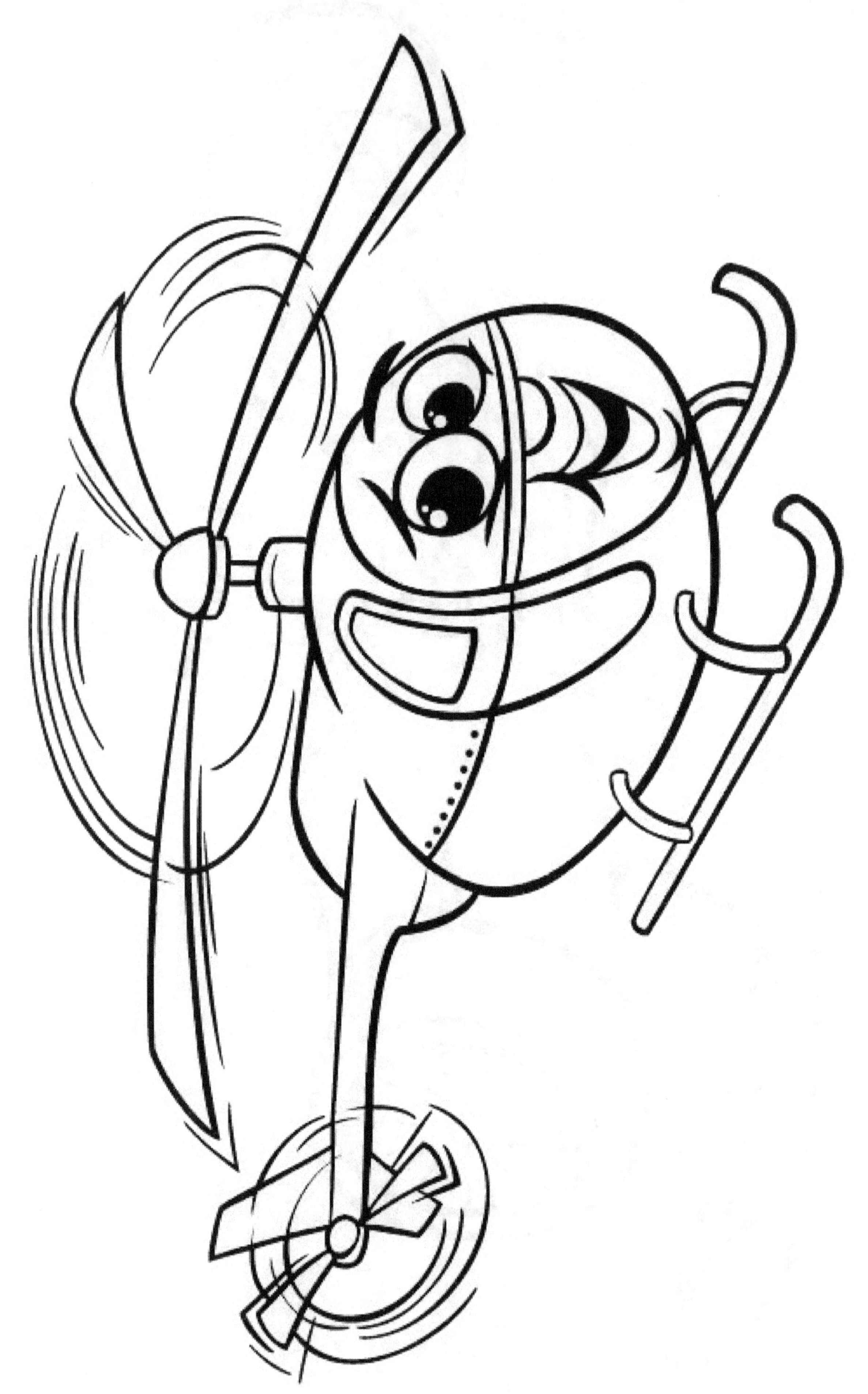

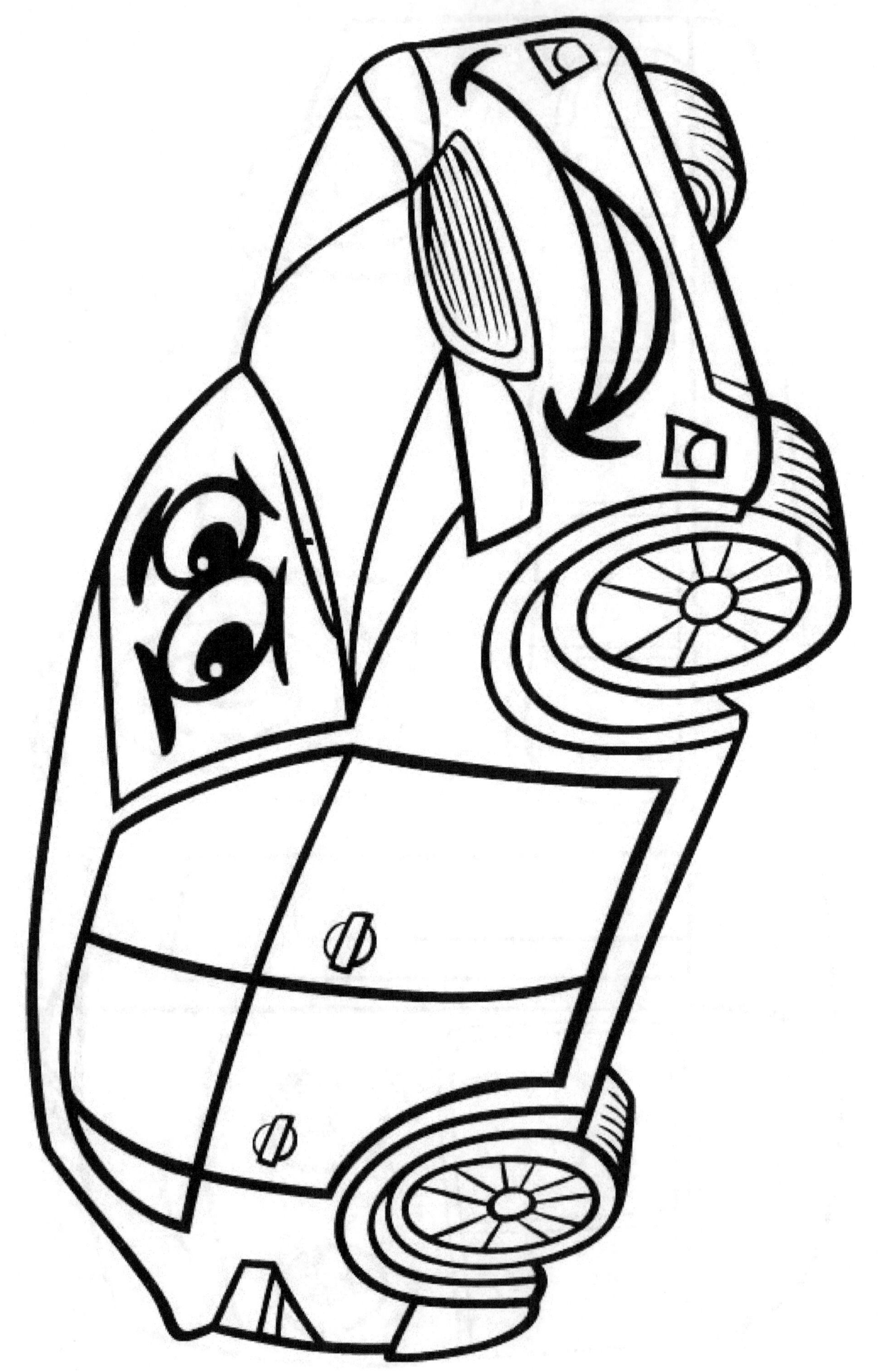

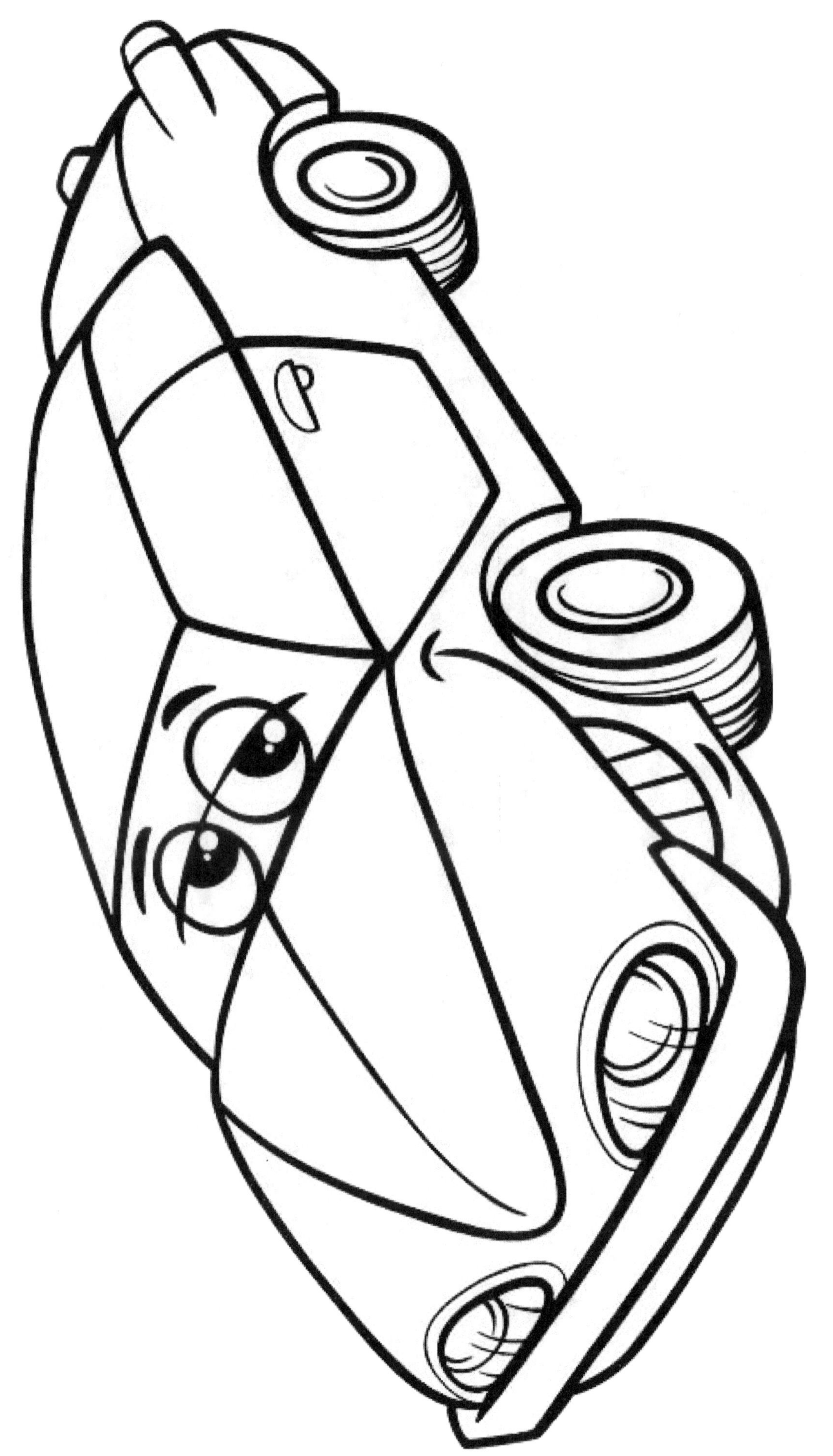

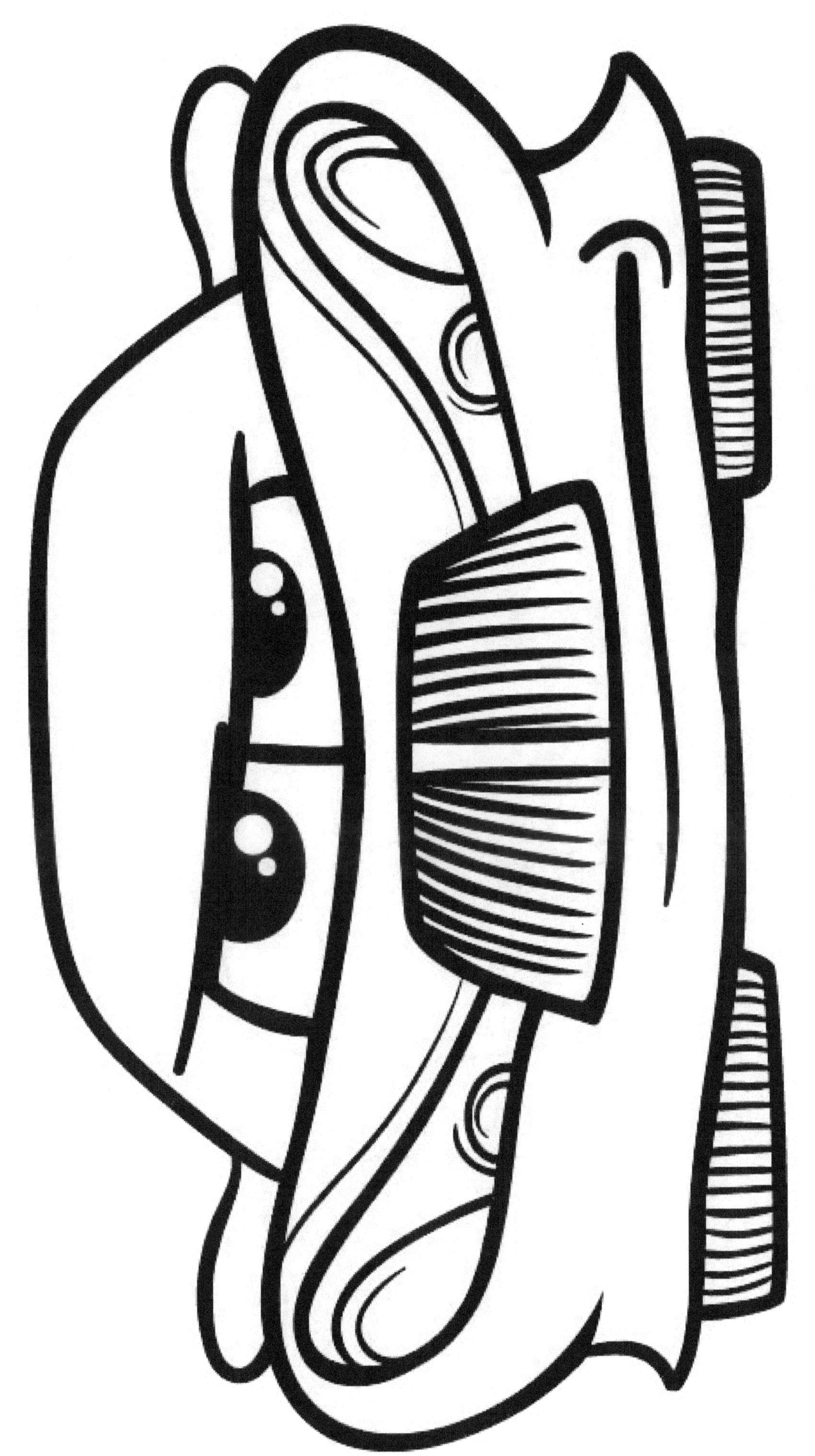

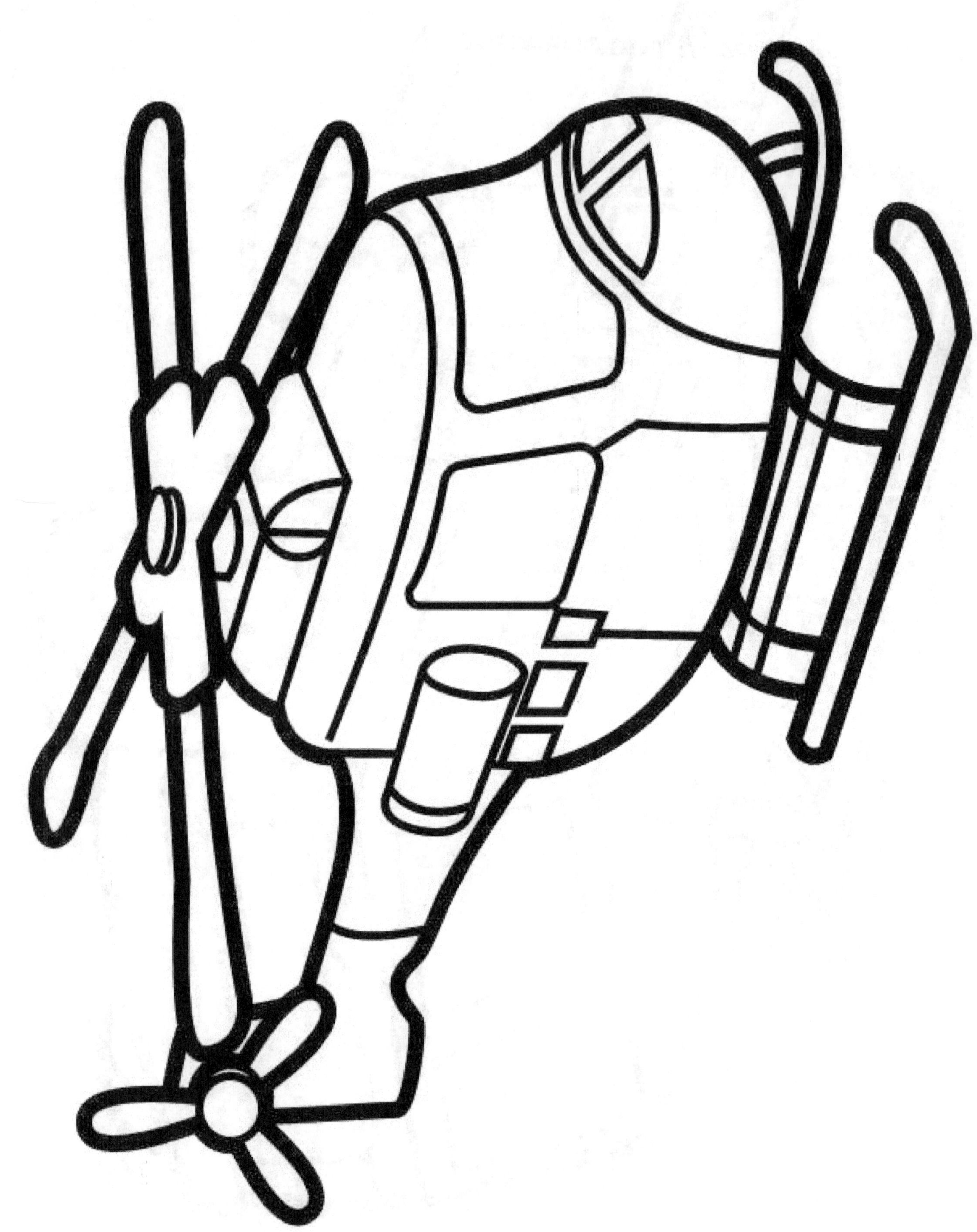

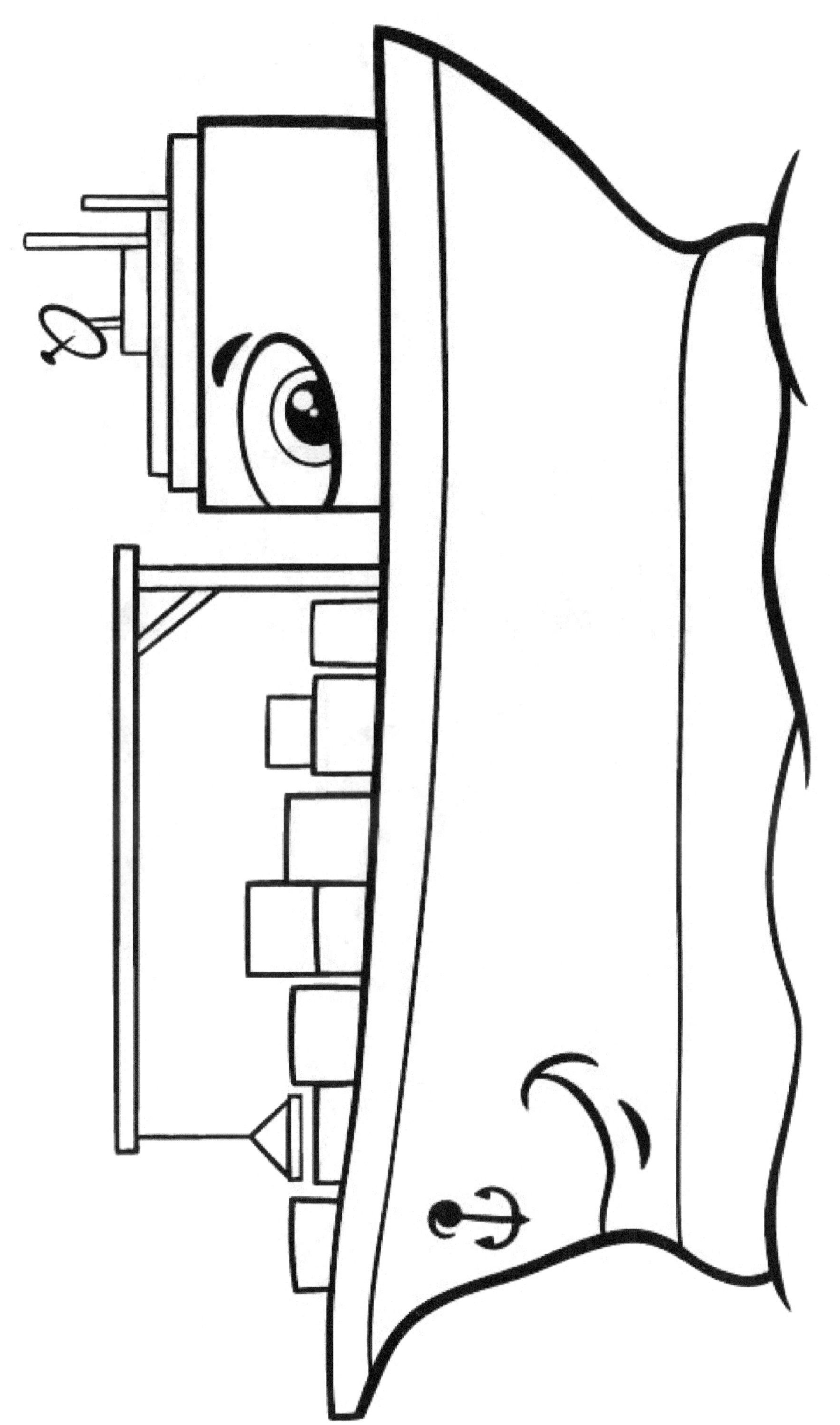

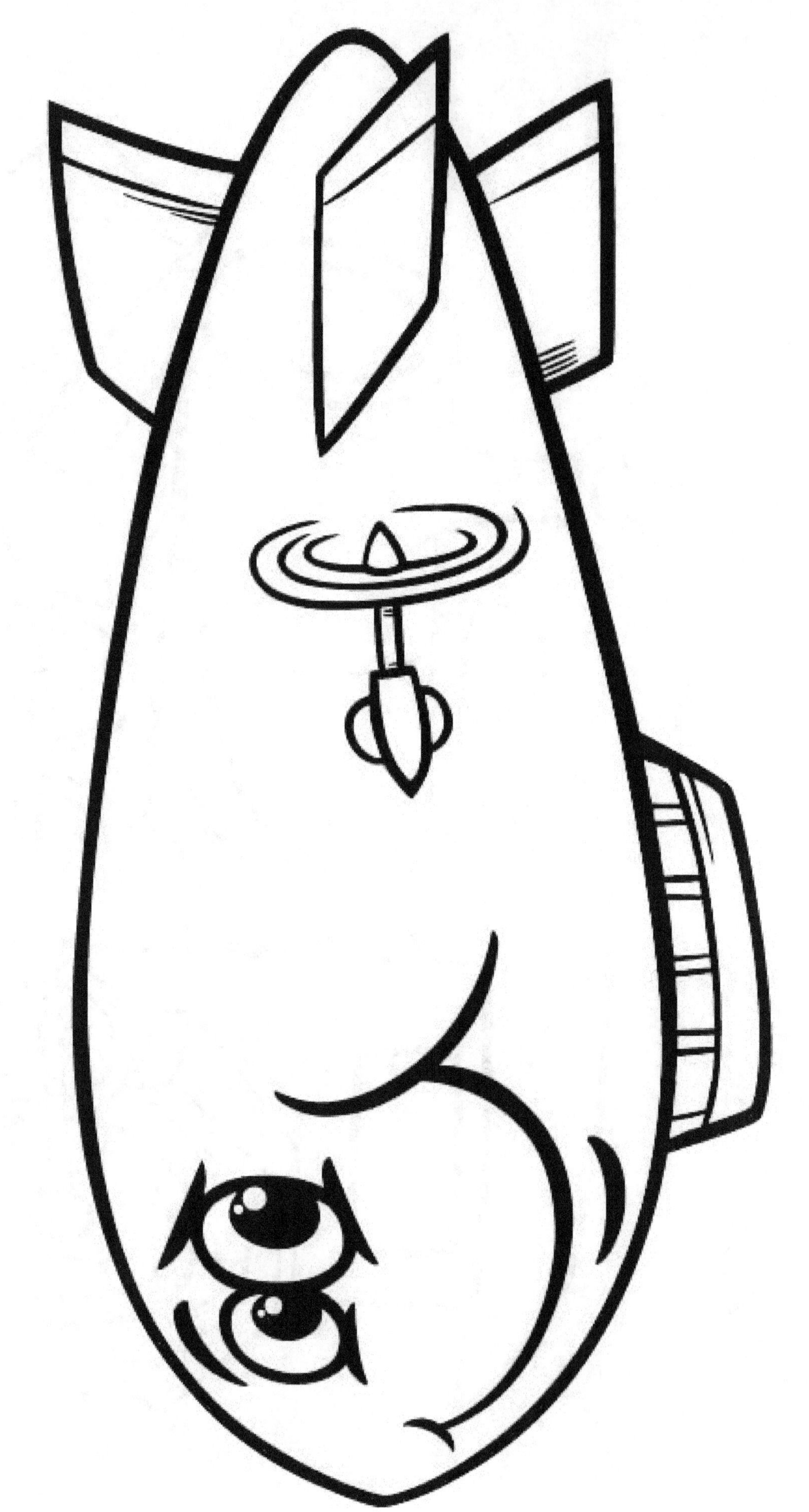

STOP

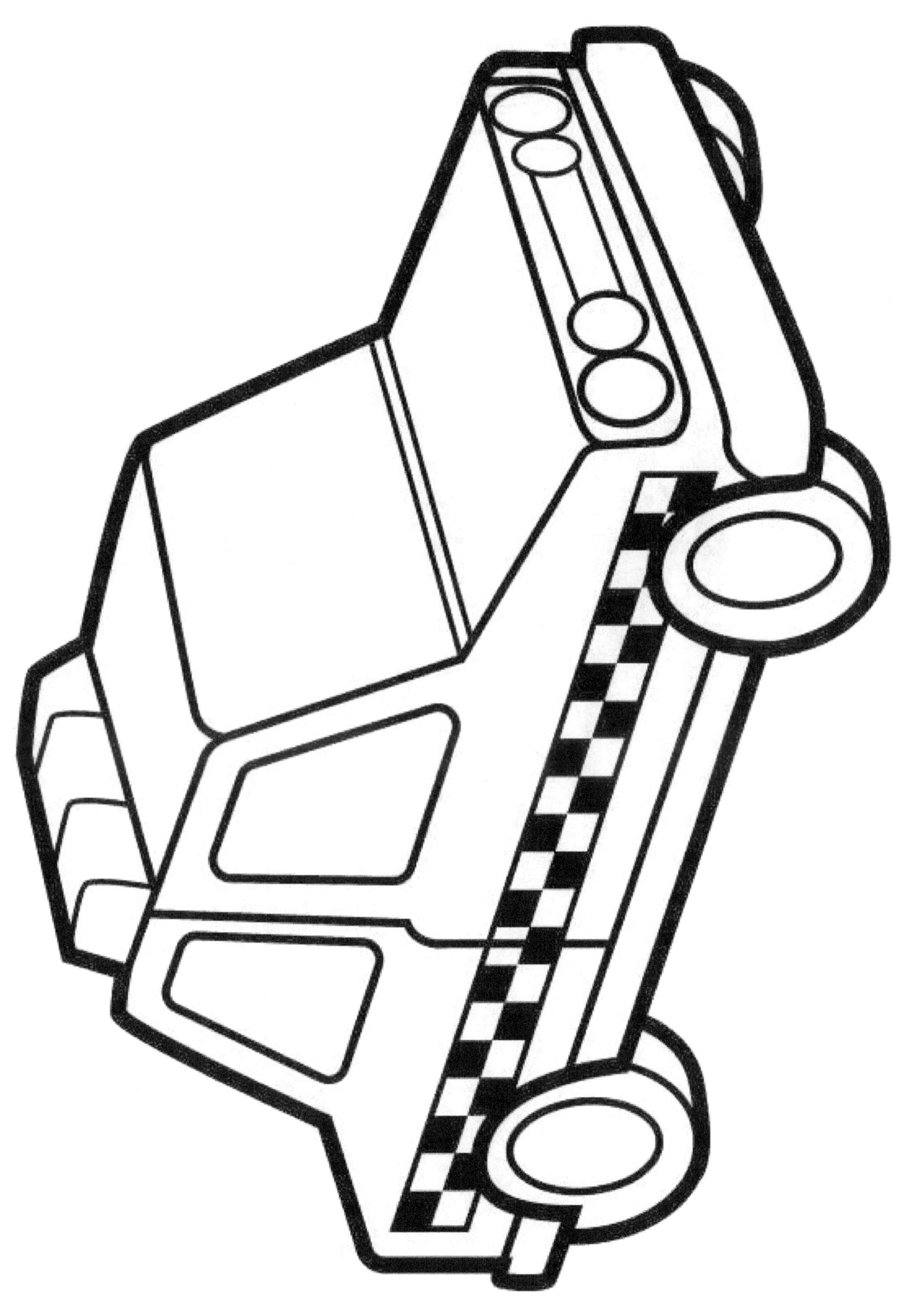

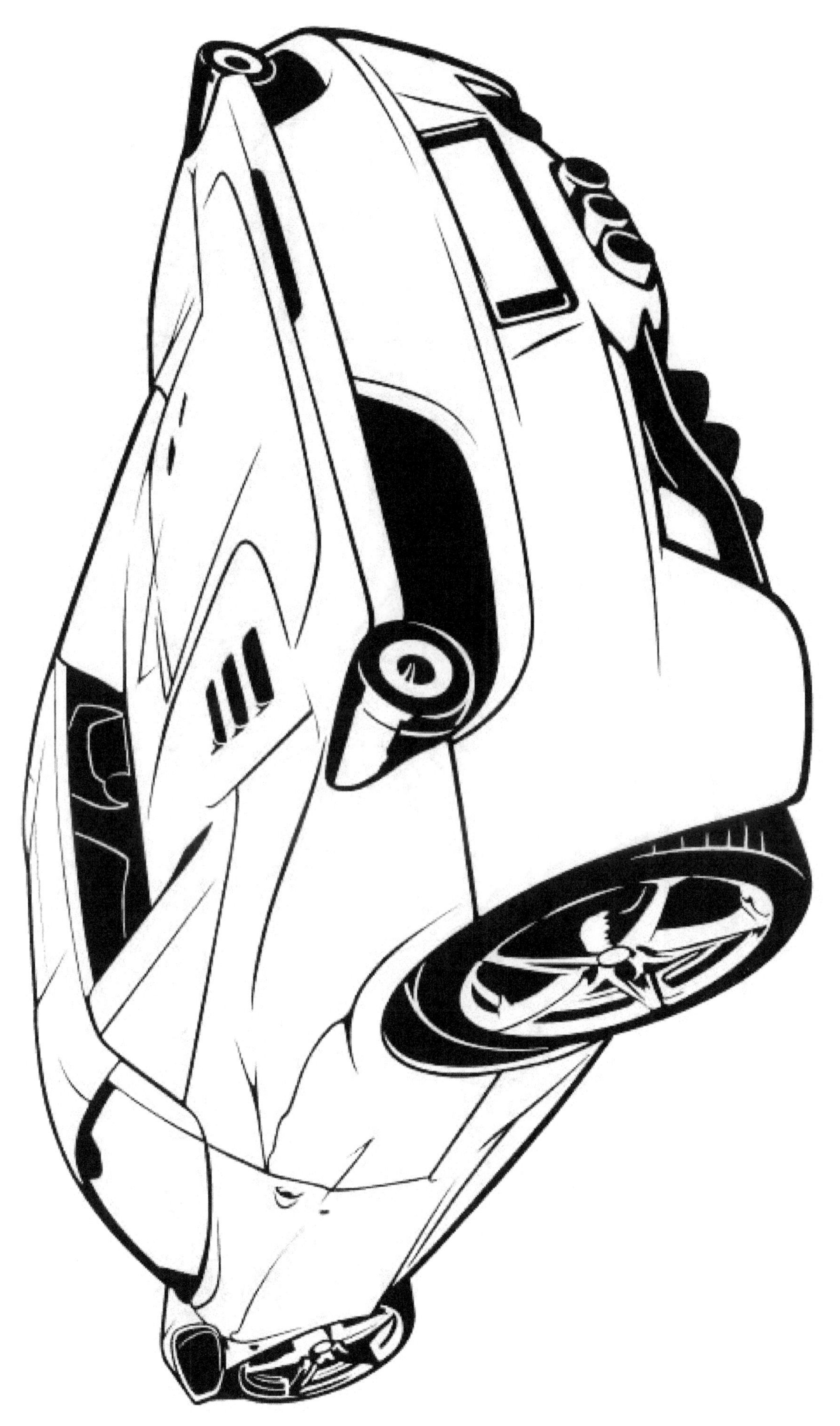

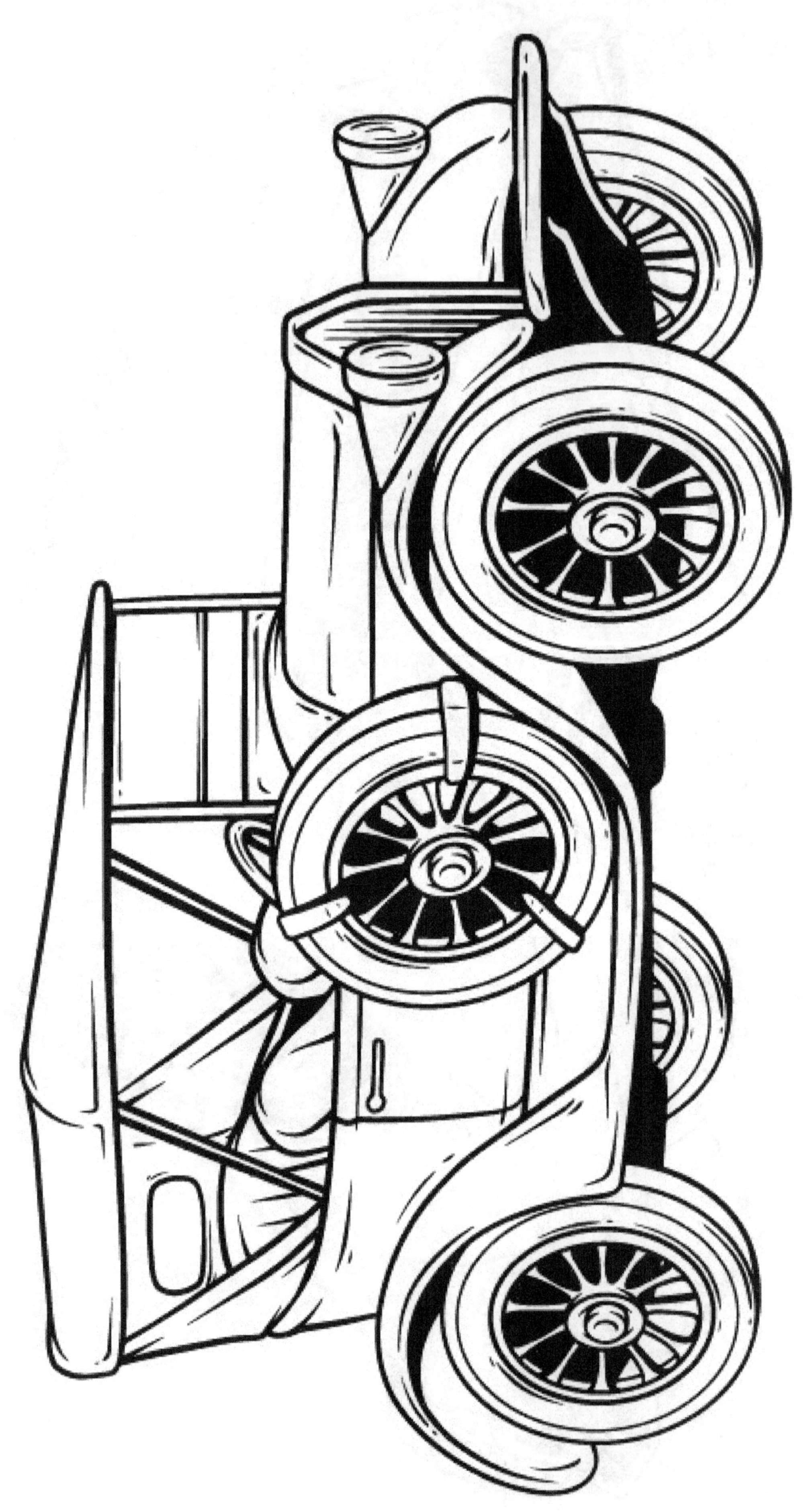

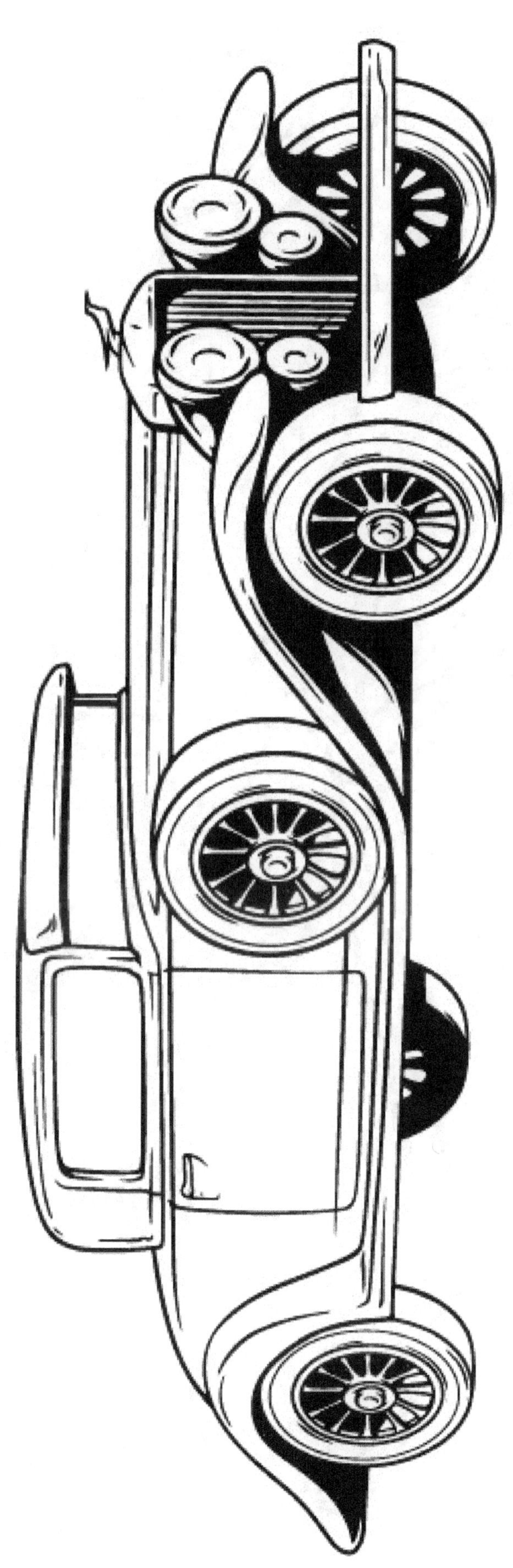

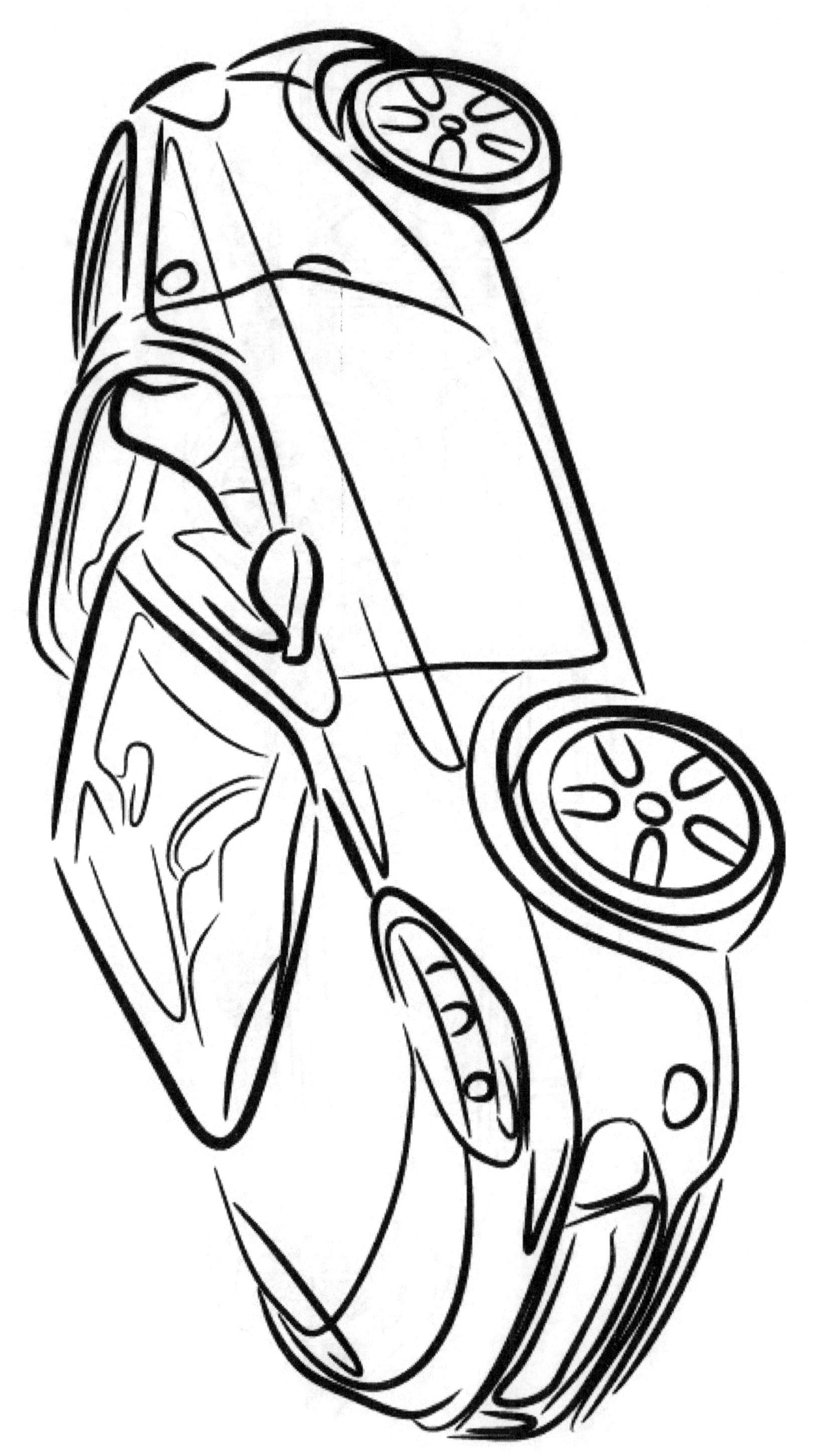

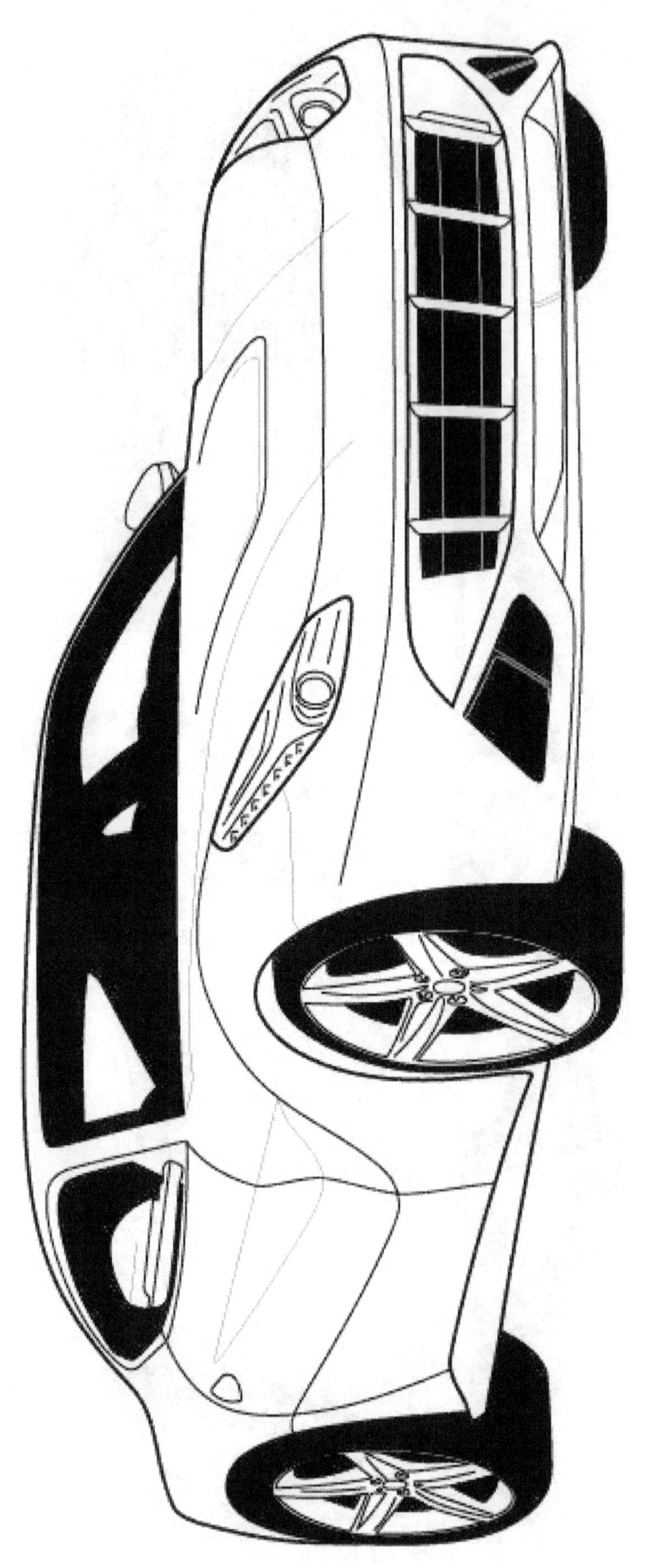

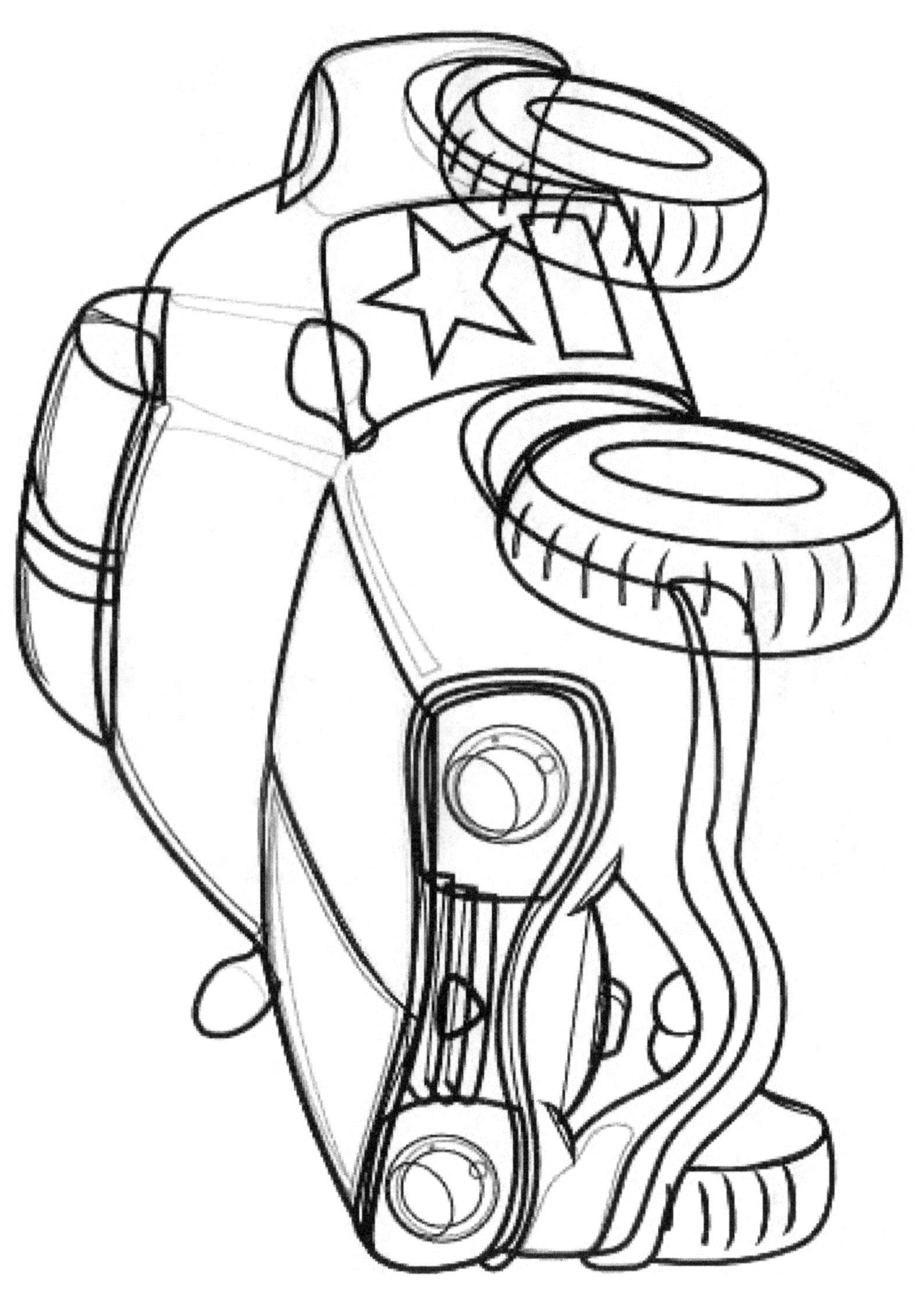

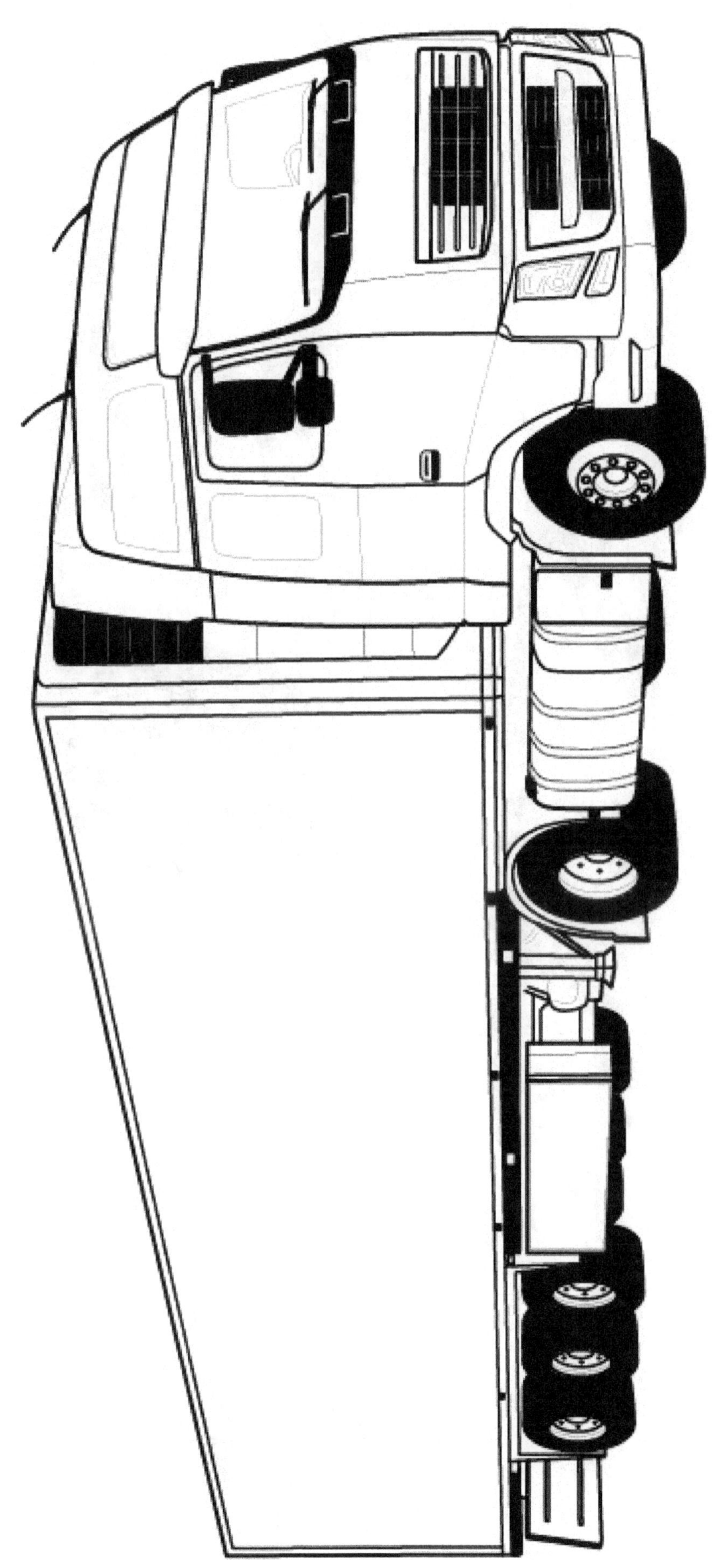

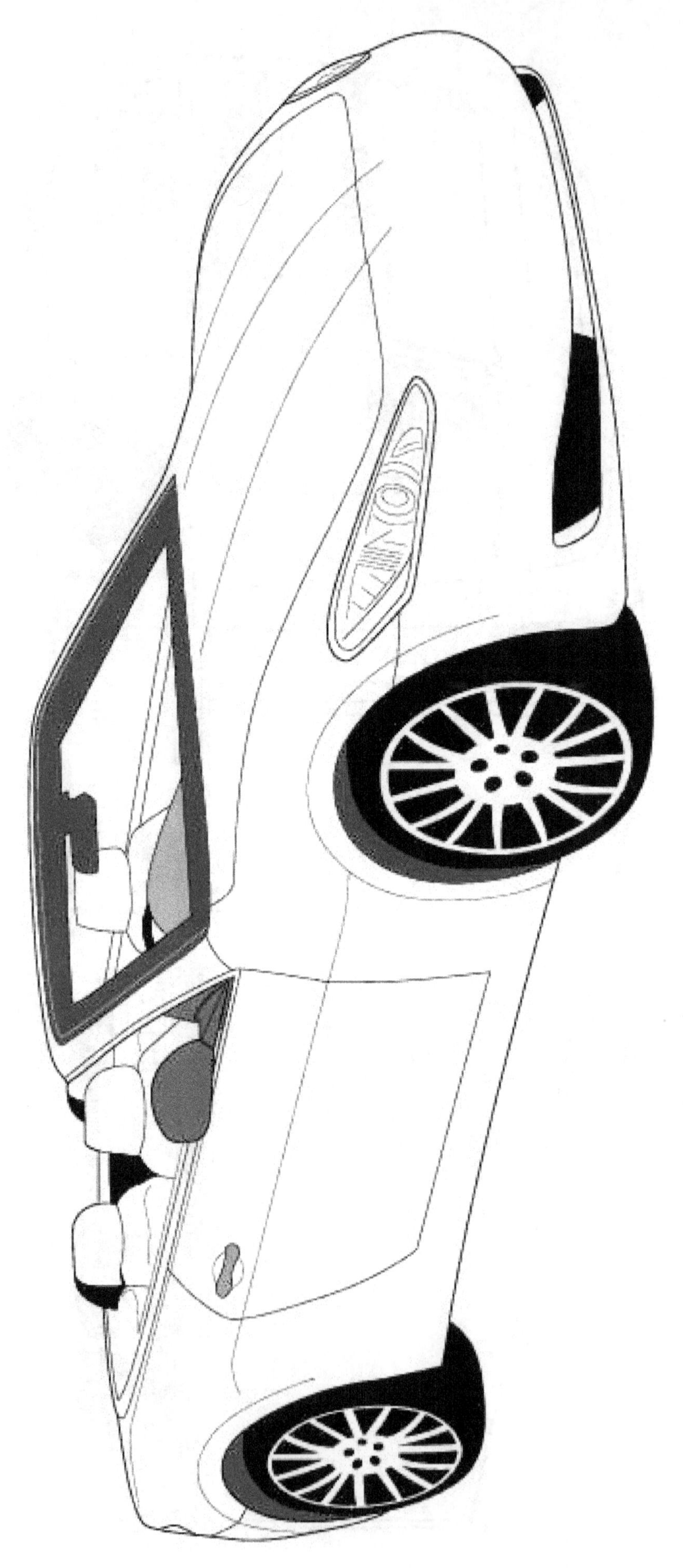

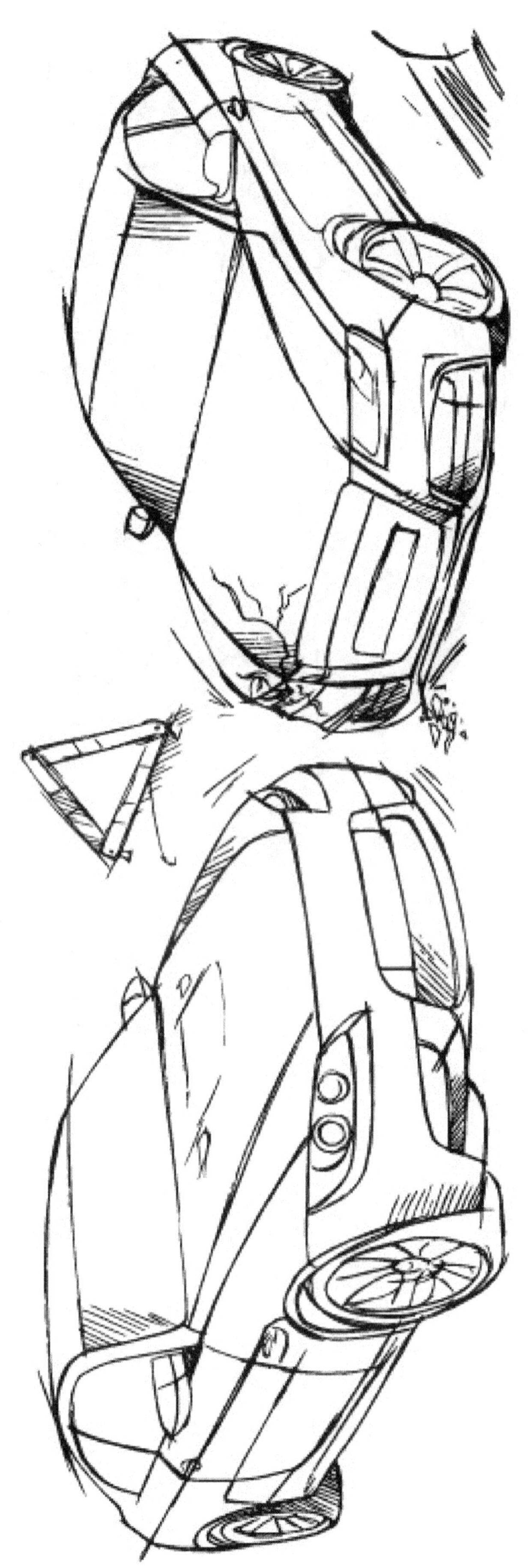

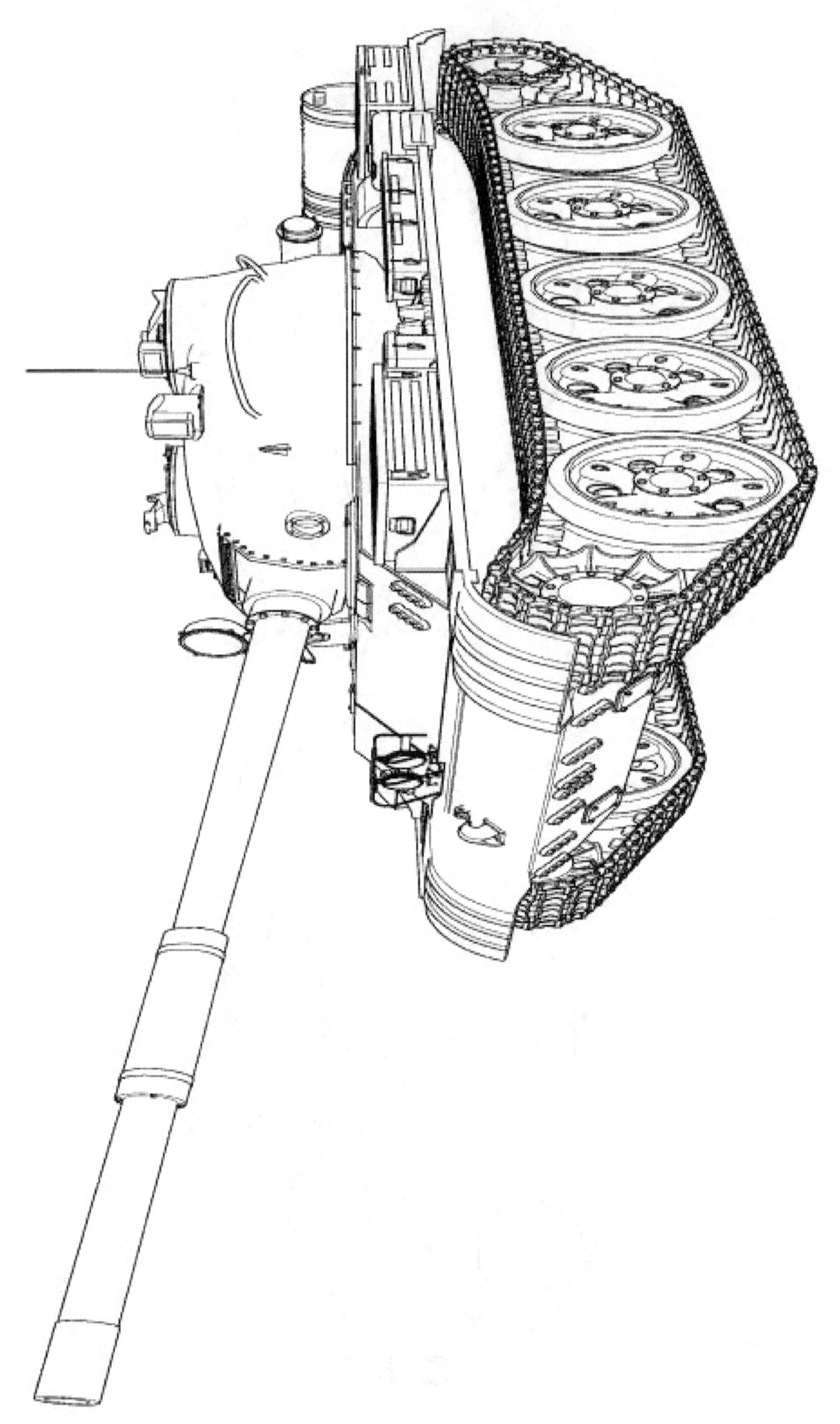

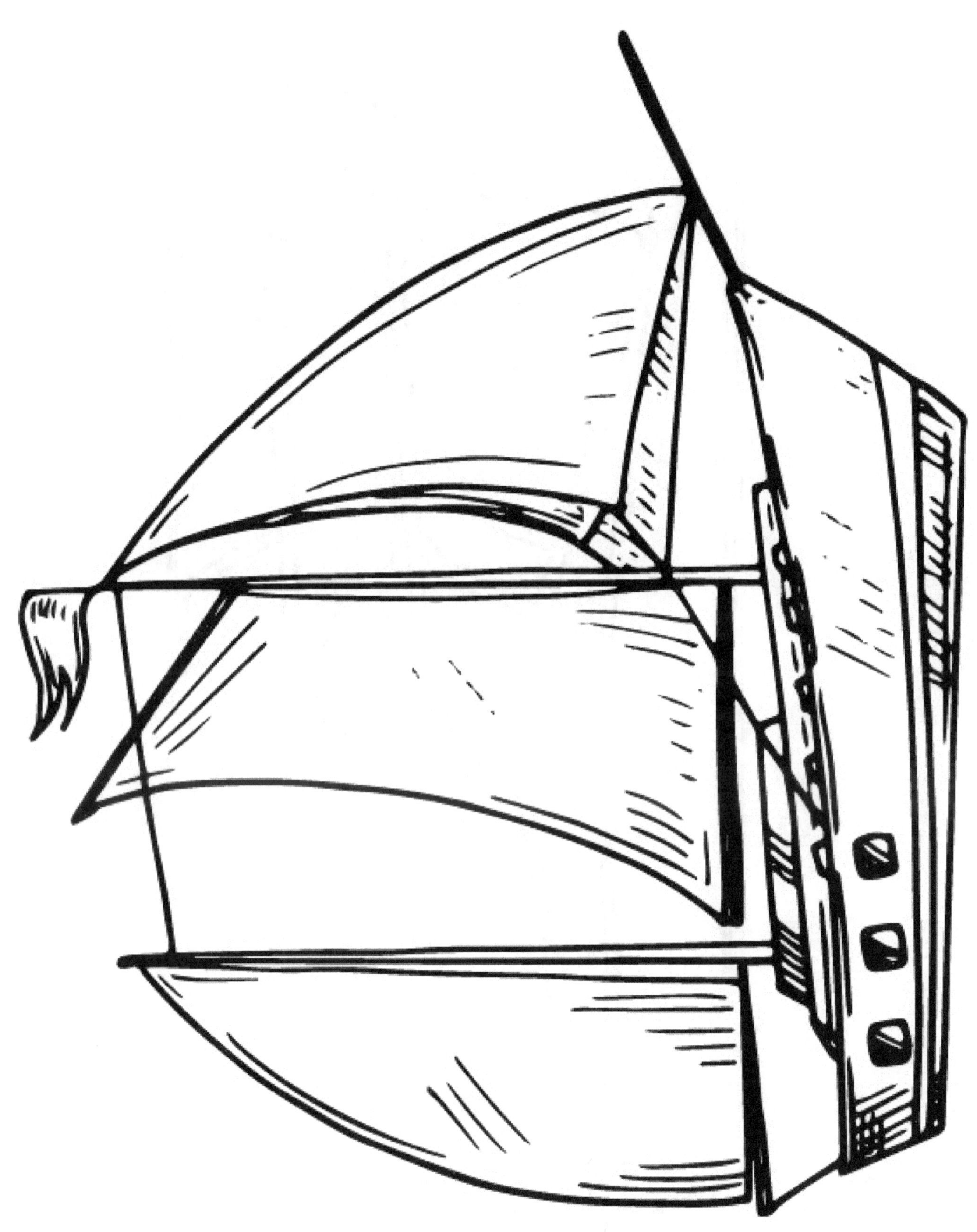

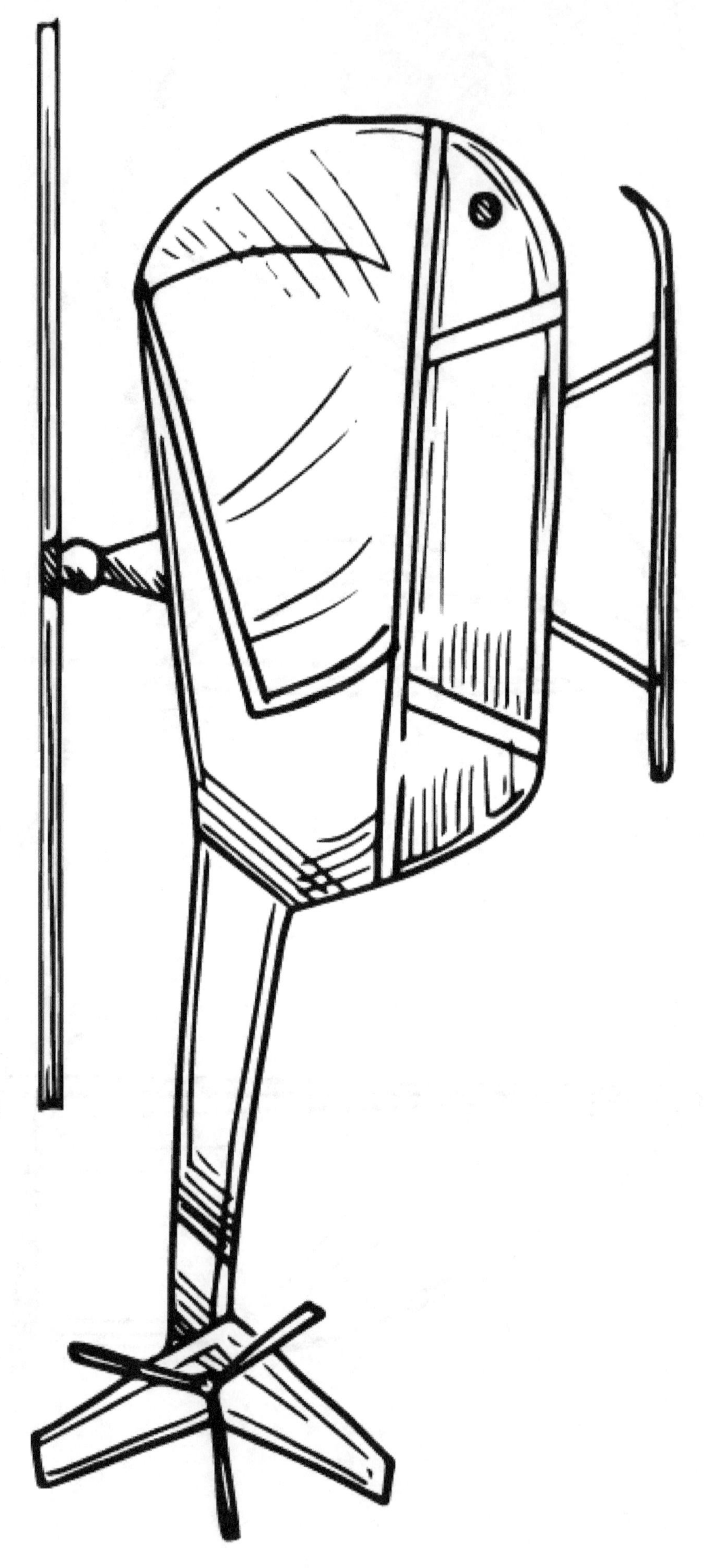

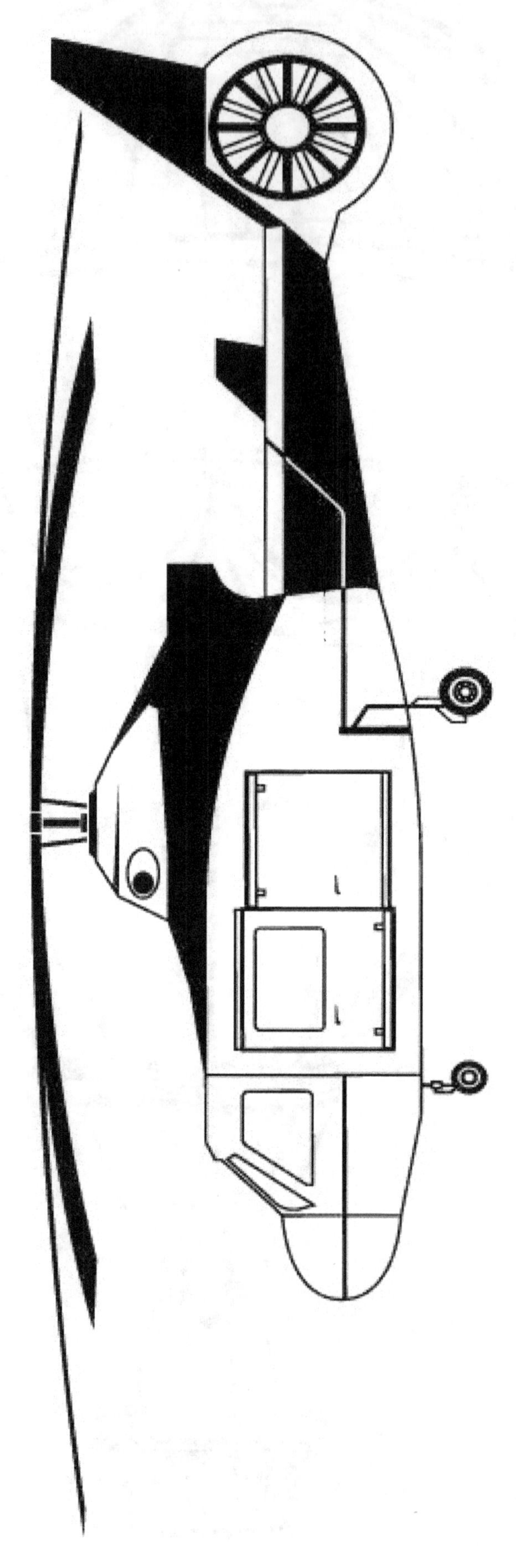

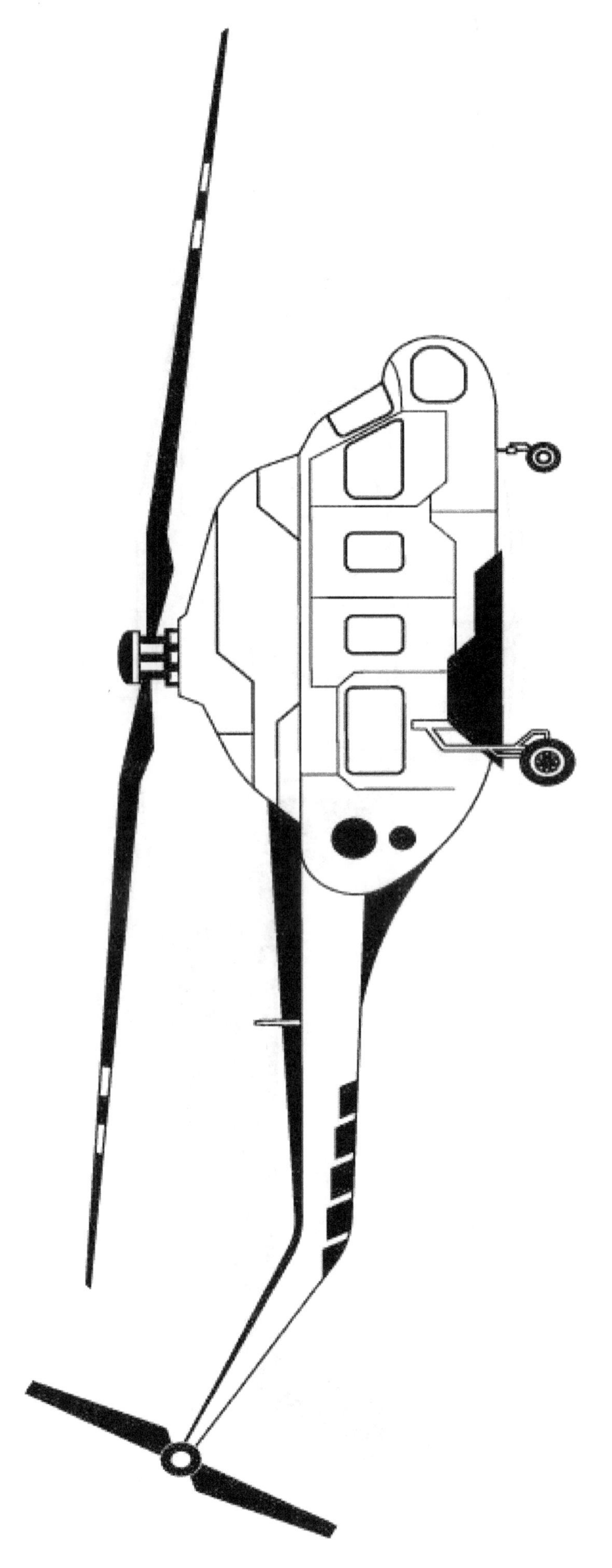

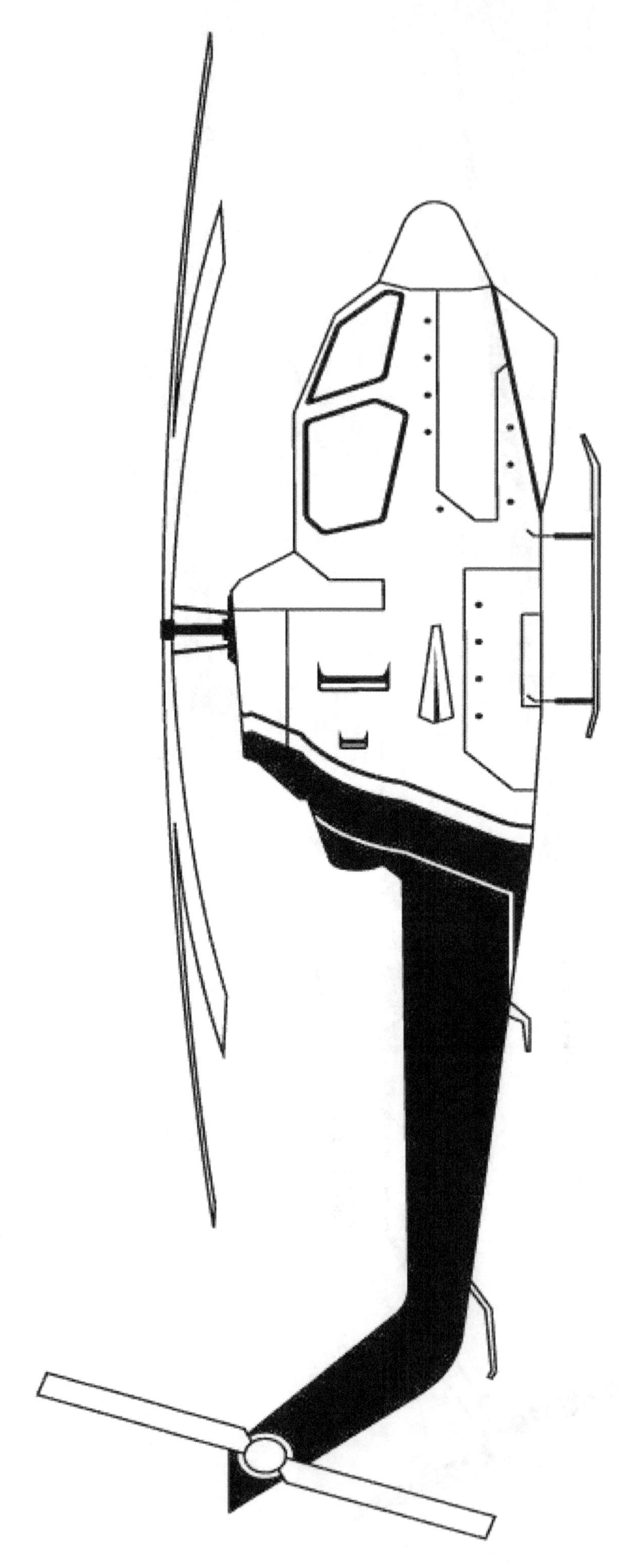

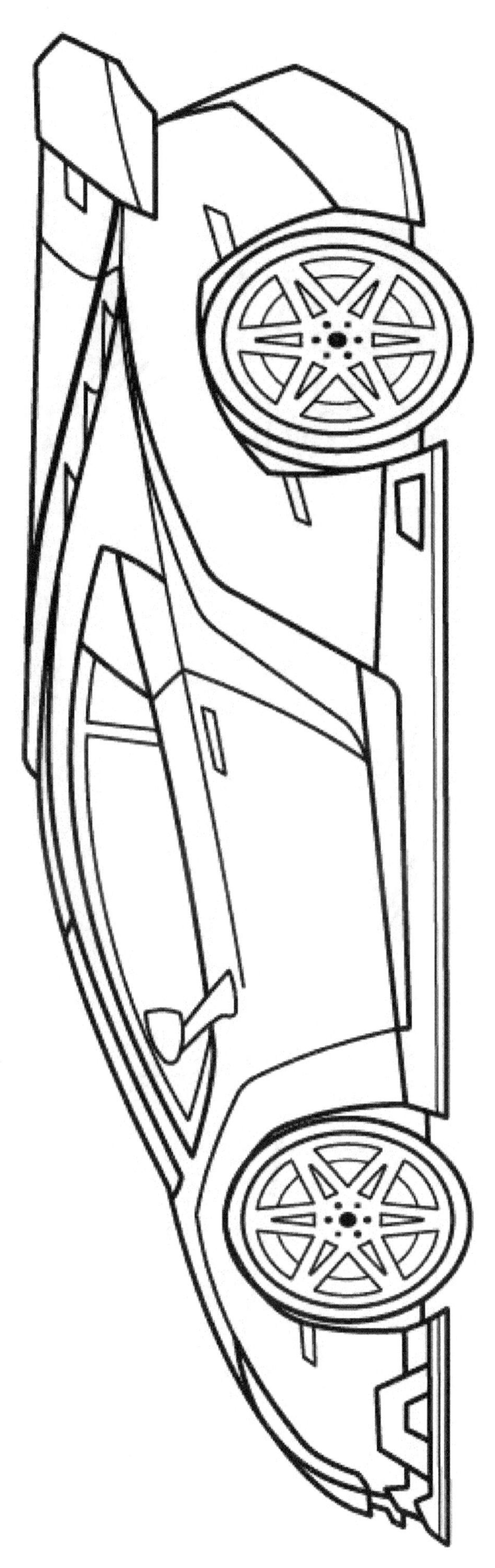

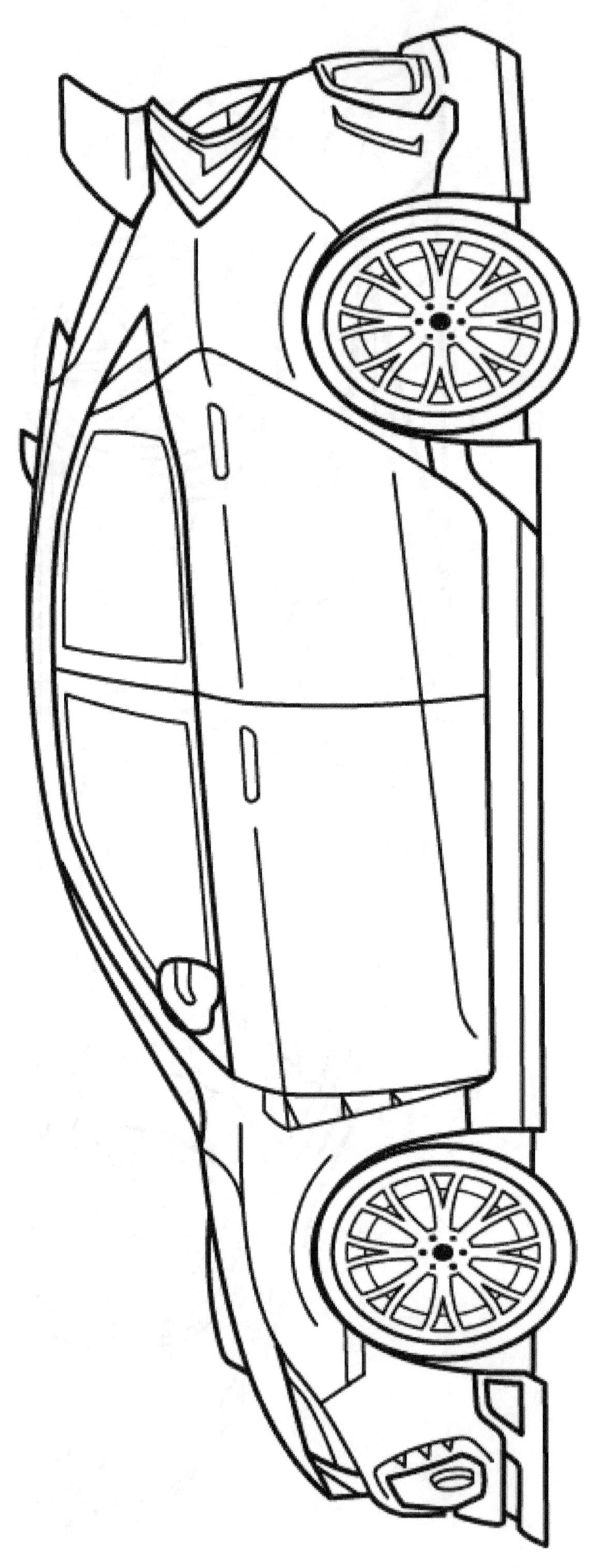

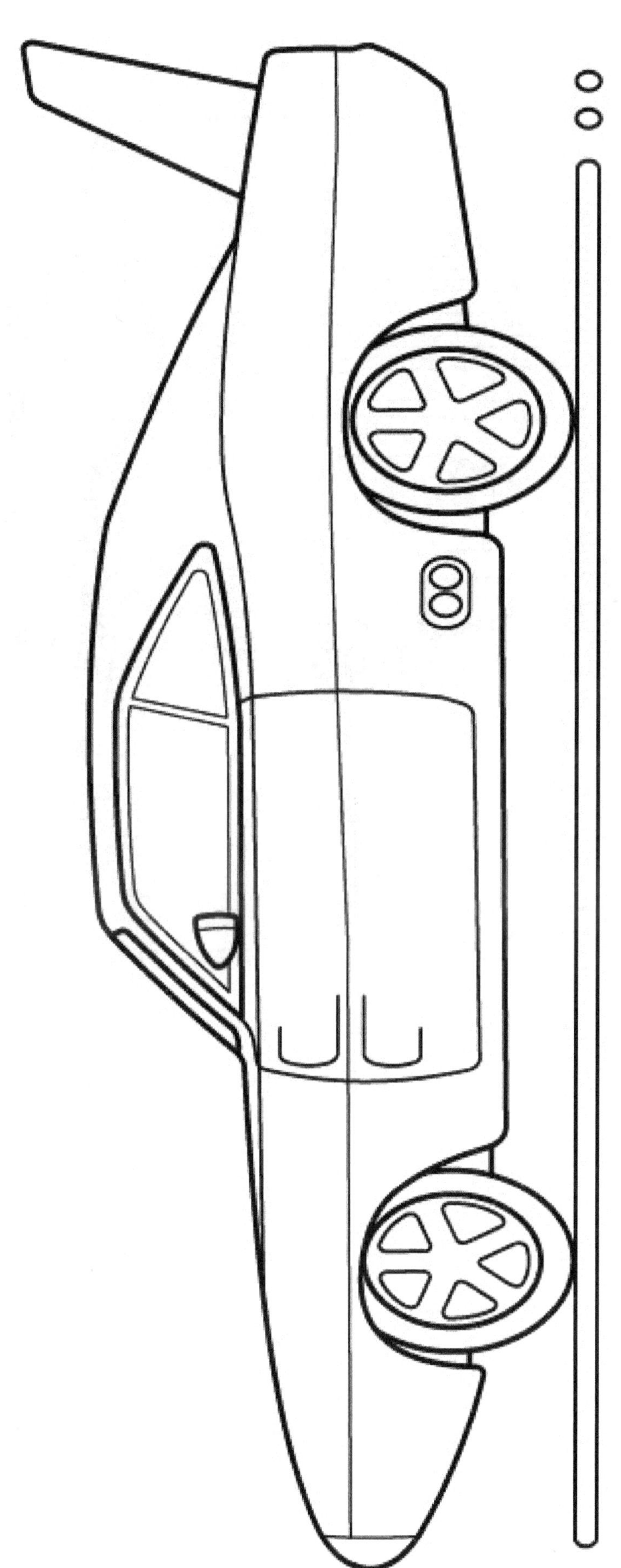

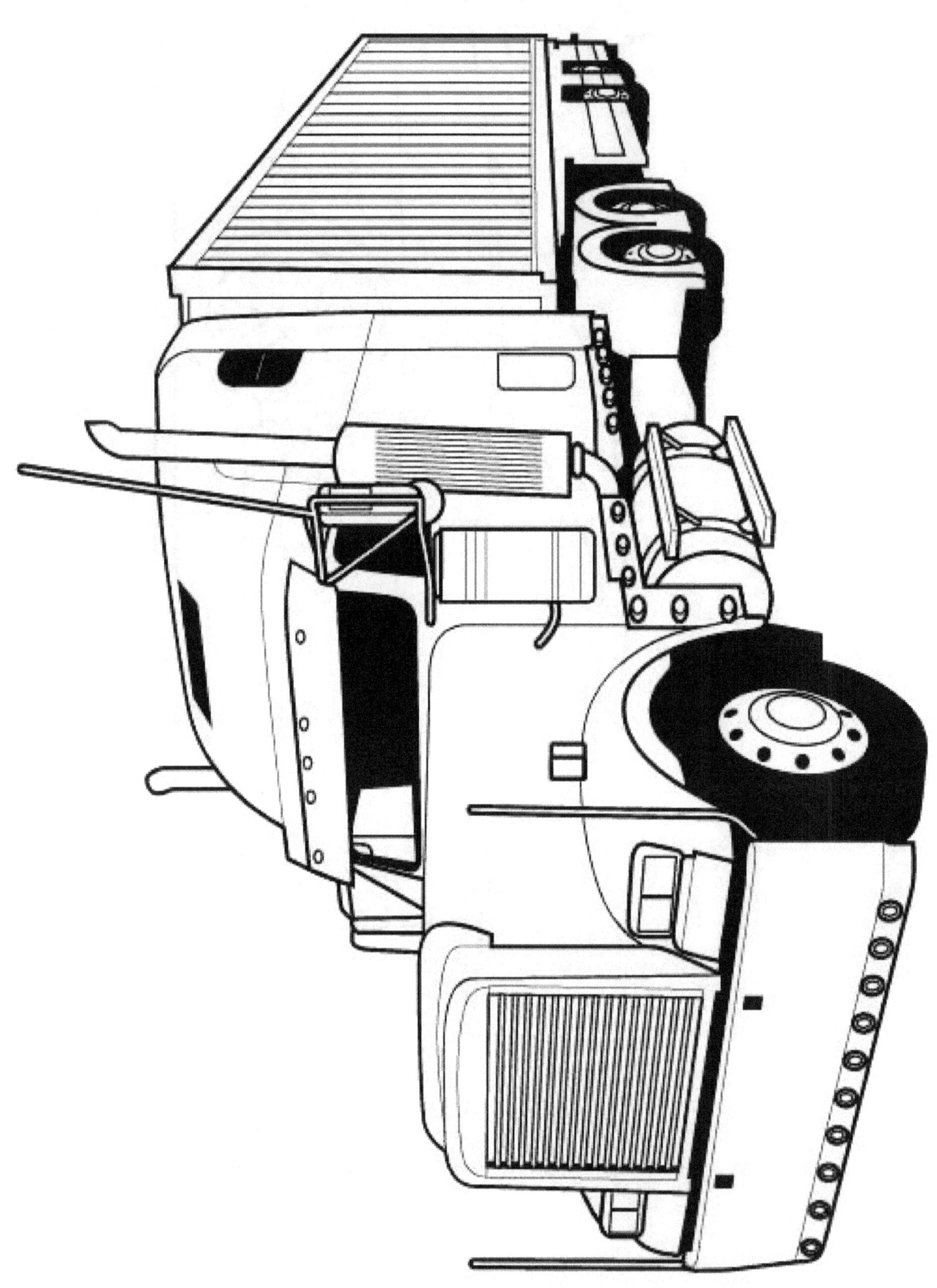

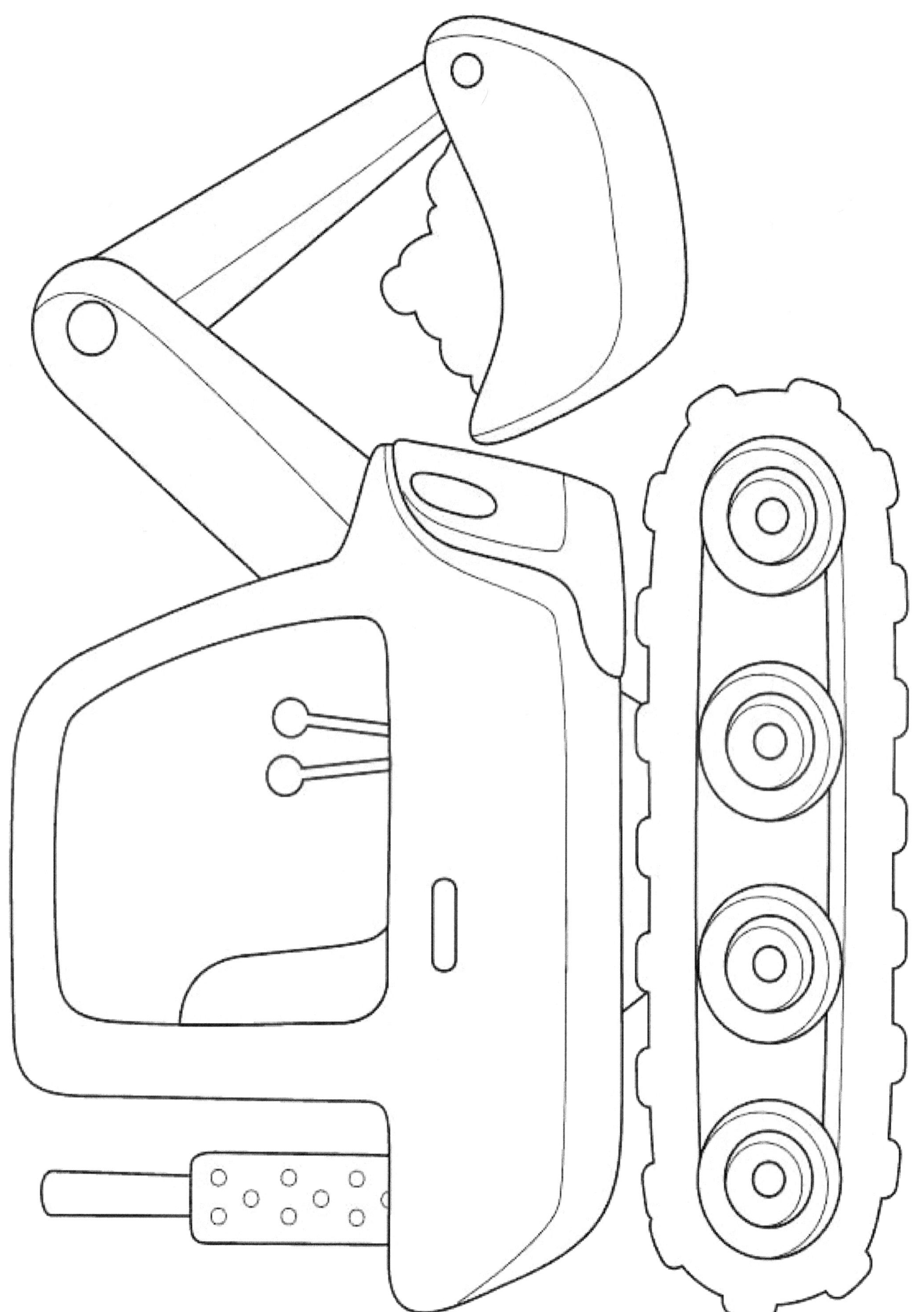

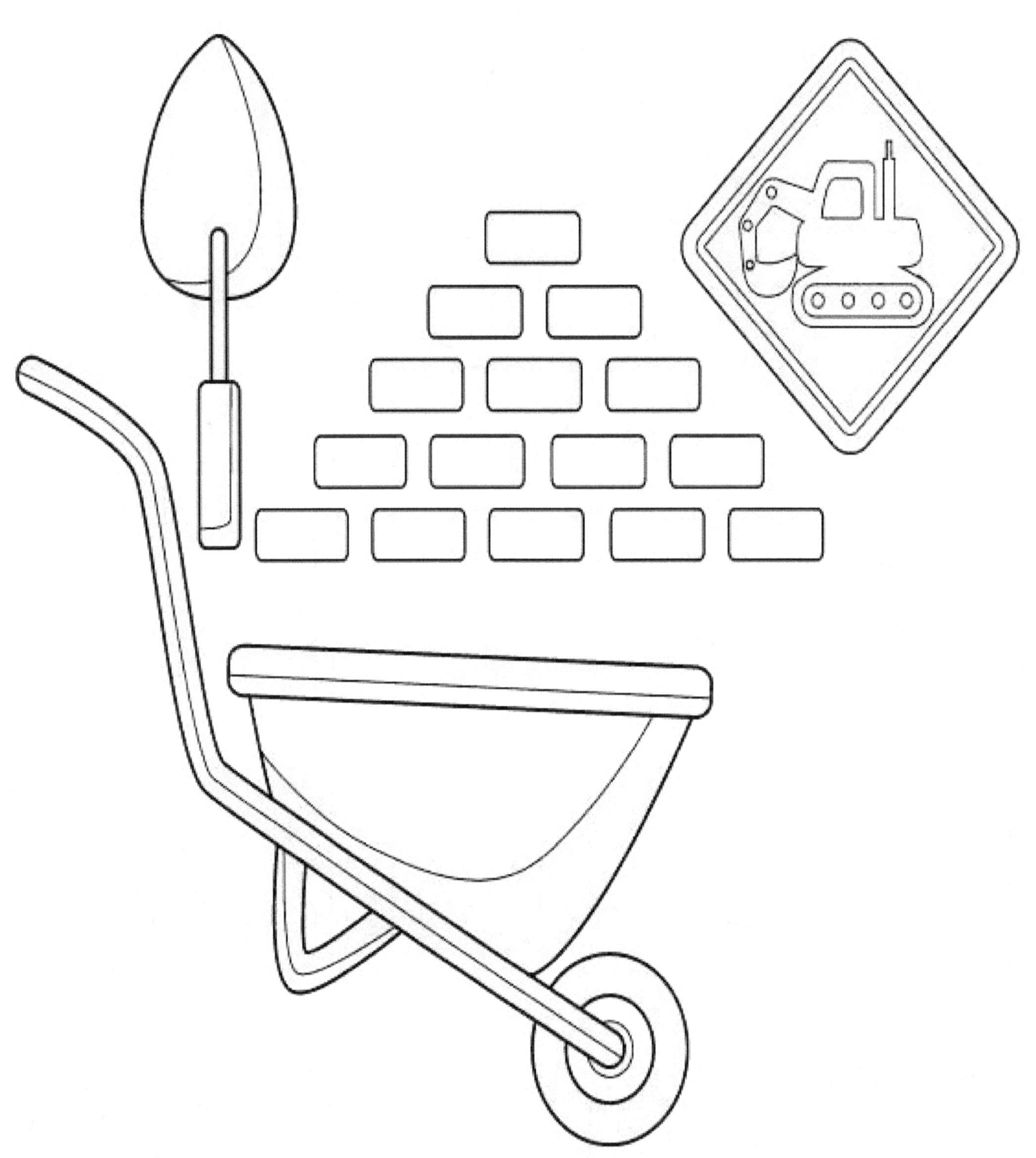

WORK
ZONE
5 TON

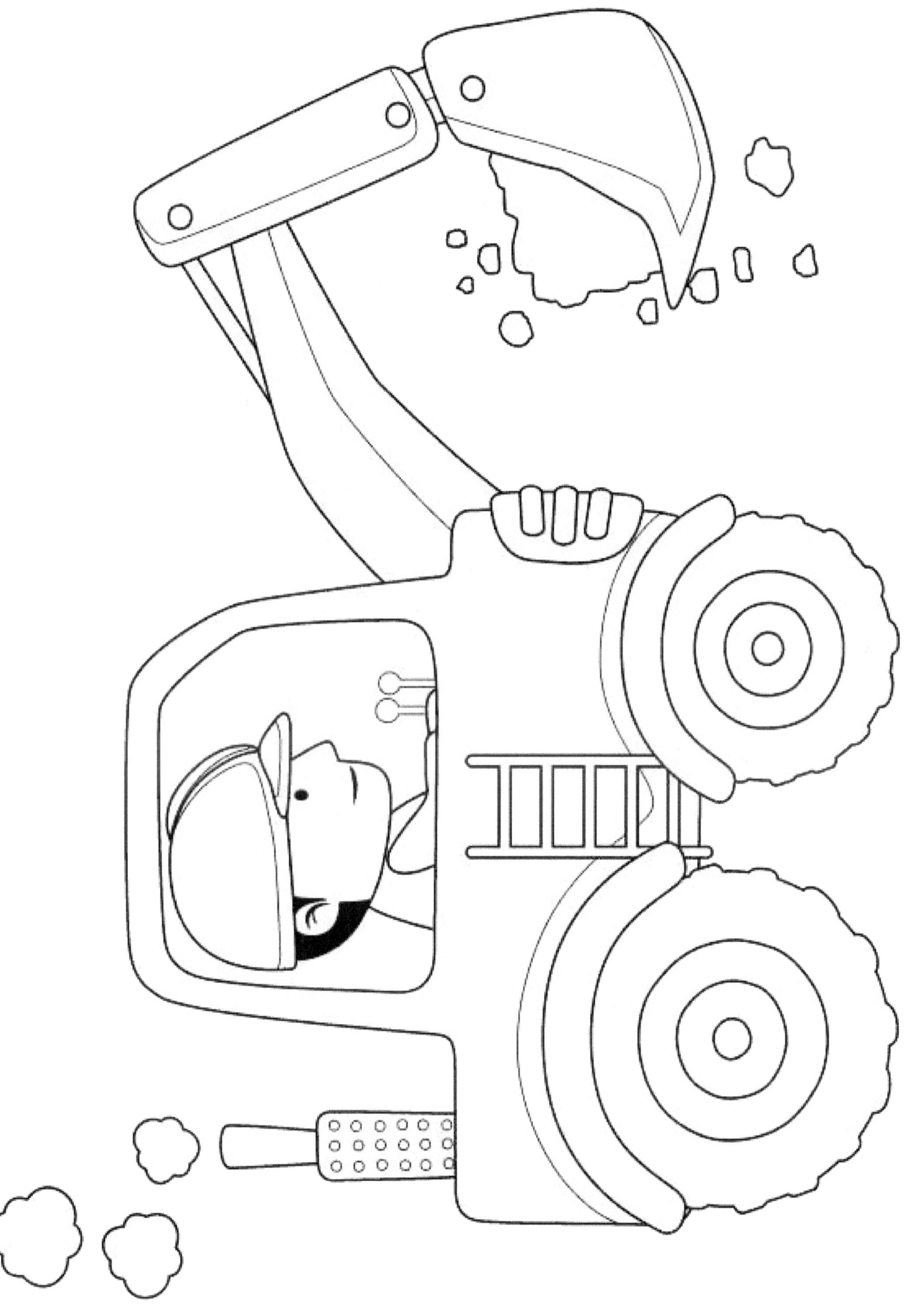

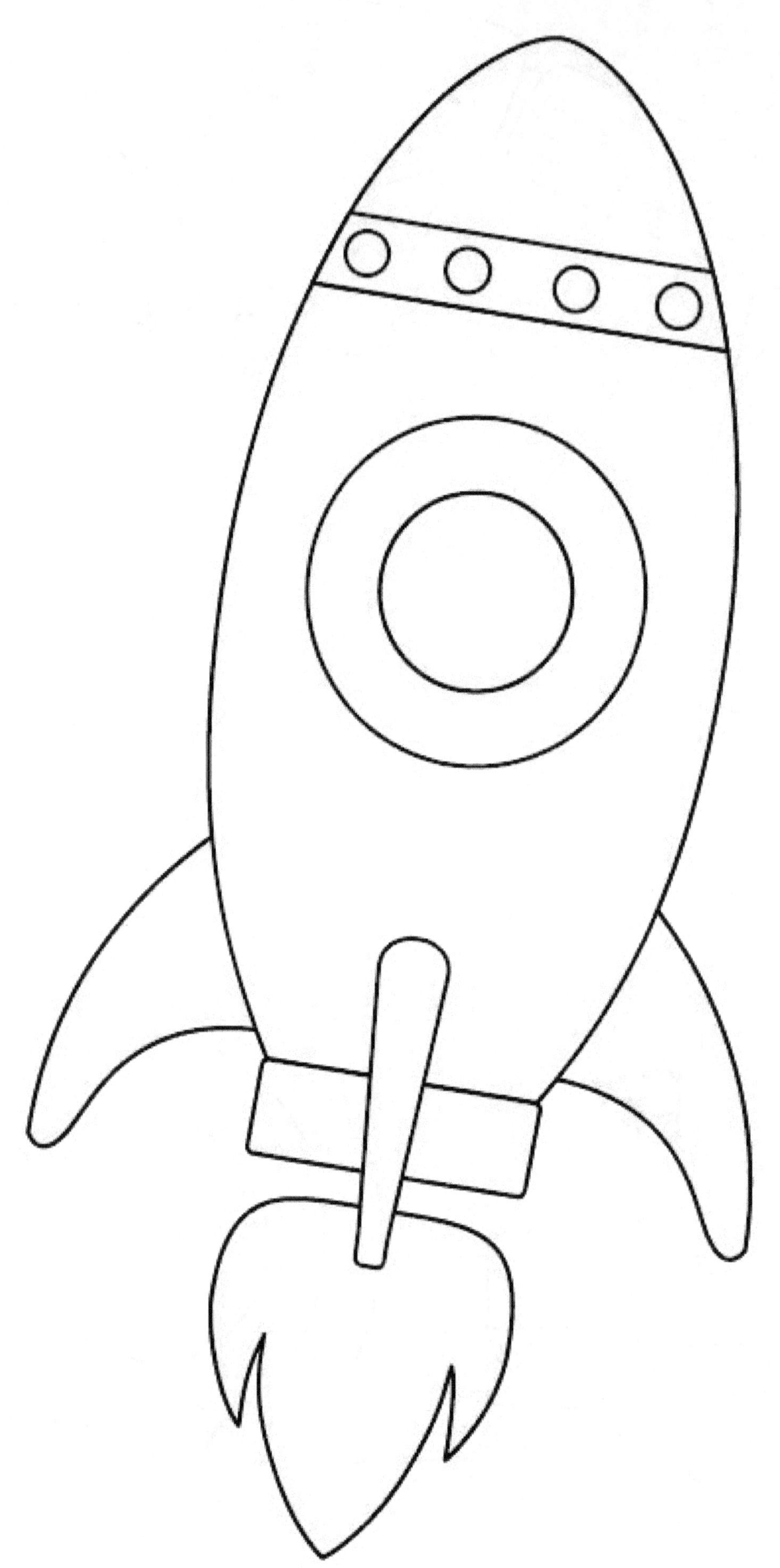

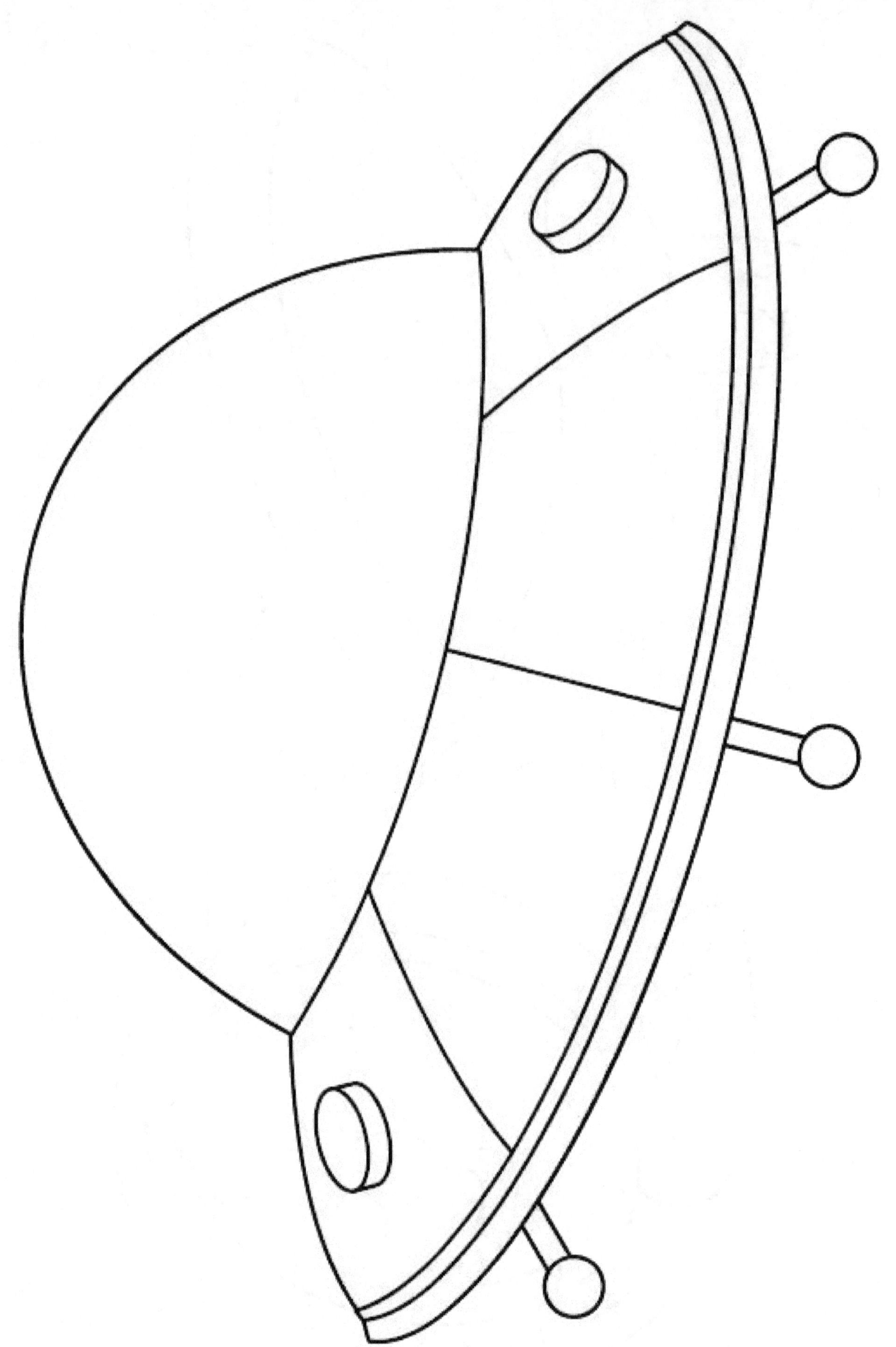

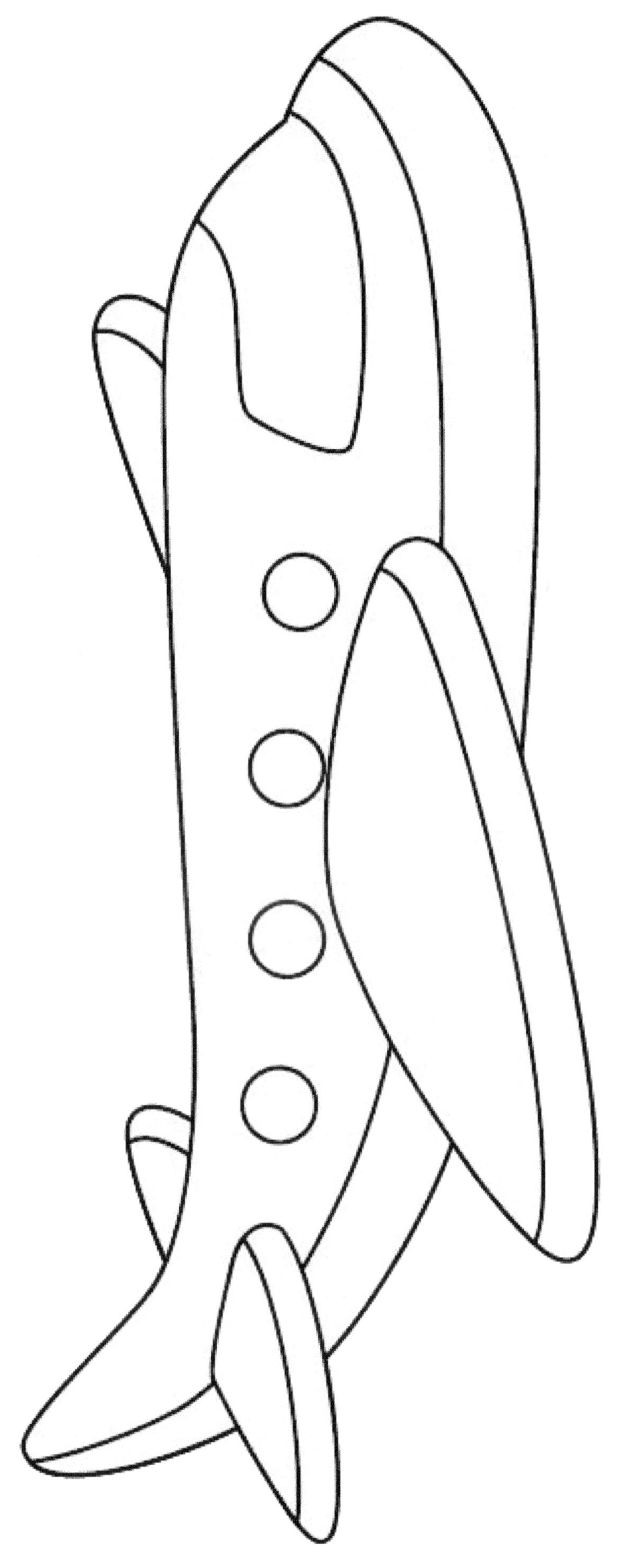